Paroles retrouvées

Collection

SÈVE NOUVELLE

Yvon Daigneault

PAROLES RETROUVÉES

En feuilletant l'Évangile de Luc

MÉDIASPAUL

Médiaspaul reconnaît l'aide financière du Gouvernement du Canada par l'entremise du Programme d'aide au développement de l'industrie de l'édition (PADIÉ), du Conseil des Arts du Canada et de la Société de développement des entreprises culturelles du Québec (SODEC) pour ses activités d'édition.

 Conseil des Arts du Canada   Canada Council for the Arts   Patrimoine canadien   Canadian Heritage   Société de développement des entreprises culturelles Québec

Catalogage avant publication de Bibliothèque et Archives nationales du Québec et Bibliothèque et Archives Canada

Daigneault, Yvon, 1929-

    Paroles retrouvées: en feuilletant l'évangile de Luc

    (Sève nouvelle; 98)
    Comprend des réf. bibliogr.

    ISBN 978-2-89420-720-8

    1. Bible. N.T. Luc — Méditations. 2. Parole de Dieu (Théologie) — Méditations. 3. Dieu — Amour — Méditations. I. Titre. Collection.

BS2595.54.D34 2007   242'.5   C2007-940909-1

Composition et mise en page: *Médiaspaul*

Illustration de la couverture: *Saint Luc* (détail). Icône contemporaine peinte par Frère Raphaël, Abbaye du Bec Hellouin, France.

Maquette de la couverture: *Maxstudy*

ISBN 978-2-89420-720-8

Dépôt légal — 2e trimestre 2007
Bibliothèque et Archives nationales du Québec
Bibliothèque et Archives Canada

Imprimé au Canada — Printed in Canada

PRÉSENTATION

Ce livre est un livre-ami.

On ne doit pas être pressé de le lire. Il faut l'apprivoiser et, dans un sens, l'inviter chez soi. On doit le laisser libre. On peut le feuilleter, s'arrêter çà et là, flâner sur une page qui séduit. On peut le remettre sur la table, mais pas trop loin, car, désormais, on aura besoin de lui.

Il sait attendre. Il sait répondre au bon moment. Ce qu'il recèle de plus précieux c'est la Parole. Découvrez-la. Écoutez-la. Peut-être découvrirez-vous celle que vous attendiez depuis longtemps. Laissez-la vous habiter au point que vous serez incapable de l'oublier.

En vous inspirant des mots de votre livre-ami, obtenez une première réponse. Engagez un premier dialogue. Il sera peut-être maladroit, mais continuez.

Afin de bien prendre possession de cette Parole, lisez lentement la réflexion qui l'accompagne, tout en la discutant et en vous réservant de longs moments de silence. Lisez. Réfléchissez. Creusez. Vous pourrez alors recueillir quelques «semences».

Ce sont de petites idées, des réflexions, des questions. Gardez-les dans votre cœur et votre esprit. Semez-les assez profondément pour que le vent ne les emporte pas. Avec le temps, elles germeront et porteront du fruit de sagesse et de prière. Ne tirez pas sur les tiges afin qu'elles poussent plus vite. Elles ont été déposées en vous. Laissez le temps faire son travail.

La fréquentation du livre-ami s'achève par une prière. Curieux! Heureux serez-vous si vous retrouvez une habitude oubliée. Cette prière résume votre rencontre et prépare un rendez-vous à venir. Elle formule ce que votre ami vous laisse de plus beau et de meilleur pour le temps où vous serez loin de lui*.

_____

* Ma vive reconnaissance à Louise et Michel Letendre qui ont lu ces pages et qui m'ont encouragé à les publier. Je les remercie de tout cœur des heures consacrées à la préparation minutieuse du manuscrit.

1

PLEINE DE GRÂCE ET D'AMOUR

Je suis la servante du Seigneur.
(Luc 1, 38)

Tu es venu, Seigneur, bouleverser la vie simple et heureuse de celle que tu aimais le plus entre toutes les femmes et les hommes de la terre, de celle dont l'humble bonheur était de faire en tout ta volonté dans le plus simple quotidien, en lui demandant d'être la Mère de ton Fils. Elle a accepté, car ta grâce l'assurait qu'elle n'abandonnait pas son dessein d'être au service de ta gloire, mais qu'elle allait le réaliser d'une nouvelle manière, avec de nouveaux devoirs, de nouveaux bonheurs et de nouvelles angoisses qui ne lui étaient pas encore révélés. Tu lui as demandé de croire en ta Parole, de l'accueillir en elle avec toute sa nouveauté. Tu allais réaliser par elle l'antique promesse faite aux ancêtres. Elle donnerait au monde le Fils promis qui viendrait tout rassembler et tout sauver. Elle serait à ses côtés, humble mère dont la force lui viendrait de l'Esprit qui serait toujours avec elle, lui donnant un peuple nouveau à aimer, une nation sainte dont elle serait la Mère, marchant à sa tête avec son Fils vers le Royaume que tu allais révéler. Béni sois-tu pour l'humble et douce Marie, Mère de ton Fils, qui libéra la joie par sa foi en ta Parole.

Au dessein de Dieu que l'ange révèle à Marie, celle-ci répond: «Je suis la servante du Seigneur. Que tout se fasse pour moi comme tu l'as dit.» Sa réponse n'est pas improvisée. Elle n'est pas non plus la parole conventionnelle qu'il conviendrait de dire en cette occasion. Elle exprime la conscience profonde et vivante de sa vocation, l'intention qui unifie toute son existence, le secret de sa relation avec son Seigneur depuis sa première enfance: être servante du Seigneur. Si elle ne pouvait consacrer sa vie au service du culte du Seigneur, comme ceux et celles qui sont attachés au Temple, elle peut servir la gloire et la sainteté de Dieu par l'obéissance intime, constante, aux volontés du Seigneur, par l'amour qui inspire cette obéissance.

Elle serait servante du Seigneur dans la fidélité aux traditions de son peuple: la prière, la louange, la méditation de la Parole gardée dans son cœur, l'accomplissement des humbles prescriptions de la Loi. Ce désir était l'œuvre de la grâce en elle, de la plénitude de la grâce qui la rendait intimement docile à Dieu, heureuse et simple devant sa volonté portée en toute chose par le désir d'aimer ainsi le Seigneur.

Avait-elle partagé avec son fiancé ce désir si intime, caché au fond de son cœur? Avaient-ils ensemble aspiré de tout leur cœur à consacrer ainsi leur vie à servir leur Seigneur comme l'avaient fait tant de leurs ancêtres?

Le dessein mystérieux de l'amour de Dieu qui l'avait élue entre toutes les femmes pour être la Mère de son Fils devait bouleverser sa vie et celle de Joseph. Dieu lui demande de consacrer sa vie à un enfant qui naîtra d'elle, donné par Dieu, qui sera appelé Fils de Dieu. Pour elle et Joseph, la vie sera entièrement changée. Ils devront oublier leur rêve de jeunes fiancés pour devenir parents d'un enfant mystérieux. Leur service de Dieu sera exprimé dans le service de cet enfant avec toutes les préoccupations qu'il apportera depuis la petite enfance jusqu'à sa maturité d'homme alors qu'il les quittera pour la mission que Dieu lui aura confiée.

Marie comprend immédiatement que son désir d'être la servante du Seigneur ne doit être abandonné mais qu'il sera totalement et pleinement accompli, au-delà de tout ce qu'elle avait pu souhaiter, sous une forme nouvelle, inattendue, impensable, pleine de grâce et d'amour. Dieu est fidèle à la grâce donnée en son enfance. Il continue à appeler Marie à vivre avec Lui la plus haute intimité qu'il peut être donné à une créature de vivre, mais cette intimité recevra une nouvelle expression. Marie le comprend et c'est ainsi qu'elle s'offre tout entière à l'aujourd'hui de la volonté du Seigneur sur elle.

Semences...

Ai-je reconnu cet appel intime, caché au plus profond de moi, que je ne puis entendre qu'avec le cœur: être serviteur, servante du Seigneur dans toute ma vie?

Les réponses jaillissent de différentes manières à travers les événements, les situations de ma vie, les tâches nouvelles qui surgissent...

Je suis si souvent désemparé quand l'imprévu se dresse devant moi et bouleverse mes projets, mes acquis, ma stabilité intime. Faut-il voir ta volonté dans ce qui est inattendu comme si tu avais des vues capricieuses, ou des projets à si long terme que nous devions vivre dans l'insécurité constante? Tout peut arriver! L'important serait-il de courber le dos et de se débrouiller de son mieux?

J'ai la tête dure, Seigneur. Je suis lent à comprendre. Tu as sur moi un projet de grâce, d'amour, une intention de bonheur infini dans la communion avec toi. Et tu te sers de tout ce qui accompagne ma condition de créature charnelle et fragile pour accomplir ton dessein.

Tout ce qui arrive pourrait détruire ce projet et tu te sers de tout ce qui arrive pour servir le dessein de ton amour. C'est pourquoi tu me demandes, comme tu l'as demandé à Marie, de ne pas craindre mais de croire seulement. Amen.

2

BONNE NOUVELLE

Je viens vous annoncer une bonne nouvelle
qui sera une grande joie pour tout le peuple.
(Luc 2, 10)

J'ai entendu si souvent ces paroles, Seigneur, lues ou chantées sur tous les tons. Je pense à la fête de Noël qu'elles annoncent et qui est devenue un incroyable chaos commercial où ta présence n'est plus souhaitable et doit être oubliée.

Pourtant, ta venue dans un moment précis de l'histoire des hommes est toujours la source d'une grande joie pour ceux qui t'accueillent. M'habite-t-elle, cette joie? Il me paraît naïvement illusoire de parler de joie devant les événements exécrables de notre temps, devant les malheurs des innocents, devant les ricanements de ceux qui t'ont chassé de leur vie, devant l'ennui qui transpire sur les visages des croyants.

Je suis souvent ébloui par la joie qu'un petit enfant apporte avec lui, à sa mère, à son père, à ses frères et sœurs, à ses grands-parents... Pour un moment, la vie de tous est illuminée d'un bonheur intime. Et si nous retrouvions le chemin de Nazareth? de ton enfance entre Marie et Joseph, de tes rires, de tes questions, de tes pleurs aussi, de tes soifs d'eau fraîche, de ton besoin de caresses et de sécurité, de la fierté de marcher entre tes parents vers la grande ville de Jérusalem? Nous redécouvririons la joie, la source de la joie que tu nous apportas.

Peu de gens connurent la naissance de Jésus, Christ et Seigneur, contrairement à l'usage de proclamer avec fracas la naissance des héritiers royaux. Celle-ci n'était pas toujours une joie. Cet héritier serait-il capable et désireux d'améliorer la condition des pauvres, de ceux et celles qui étaient privés de justice?

La naissance de Jésus, à part en ce qui concerne le tout petit groupe formé de Marie, Joseph et quelques parents, ne fut annoncée qu'à de pauvres bergers qui «font partie du menu peuple qui ne connaît ni pratique la Loi», comme si, dès le premier instant de sa vie sur terre, le Seigneur ne voulait pas se réserver à ceux qui constituaient l'élite de son peuple et connaissaient la Loi dans ses moindres détails. Il voulait annoncer sa venue et le salut qui l'accompagnait à ceux qui étaient le plus près des immenses foules païennes de tous les temps et qui ignoraient tout de l'espérance d'Israël.

Sa naissance est qualifiée de «bonne nouvelle». L'expression ne peut être rapprochée du journalisme moderne. La bonne nouvelle — ou l'évangile — est la proclamation solennelle d'un grand événement heureux qui va toucher la vie de tout un peuple: une victoire sur des ennemis, la cessation des impôts punitifs, l'avènement d'un nouveau roi qui promettait d'adoucir les lois et d'accomplir la justice. Les bergers ont dû comprendre en ce sens l'annonce extraordinaire qui leur était faite et qui devait les bouleverser, car ils étaient parmi ceux qui souffraient le plus des injustices sociales telles qu'on les entendait dans tout l'empire.

Aussi, quand ils trouvèrent l'enfant et sa mère et répétèrent la «bonne nouvelle» qui leur avait été annoncée, elle fut entendue par ceux qui attendaient une autre libération, une autre consolation, une intervention salvatrice de Dieu par son Messie pour sauver son peuple; la «bonne nouvelle» fut comprise comme la joie que Dieu apportait en pardonnant les péchés, en revenant habiter son Temple, retour qui marquait le début d'un temps nouveau, le temps messianique.

«Ce sera une grande joie pour tout le peuple.» Joie offerte d'abord à Israël puis aux autres peuples, à toute l'humanité. La joie vient de la réconciliation que le Seigneur offre à tous les hommes, ce que Jésus appellera, au moment de la consacrer sur la Croix, l'alliance nouvelle et éternelle. Si Celui qui doit venir, est né, s'il est visible dans la faiblesse de son enfance, confiée aux soucis de sa mère, s'il est Emmanuel, Dieu avec nous pour toujours, nous devons nous laisser envahir par la joie que Dieu nous donne, joie que nous n'inventons pas, que nous ne rêvons pas mais qui naît de la présence de cet enfant au milieu de nous. Une grande joie toujours nouvelle, une joie inépuisable, une joie qui grandit avec l'accueil que nous lui offrons.

Semences...

Croire à la joie?... Cela a-t-il encore un sens? Non pas la joie que peuvent apporter les succès, les objets rares, les amitiés, mais la joie qui vient de la certitude que Dieu est amour et qu'il m'aime et me sauve, et m'a fait naître à la Vie éternelle.

Je ne veux pas quêter un peu de joie auprès de toi, Seigneur, mais ouvrir humblement mon cœur pour que ta joie l'habite, qu'elle coule doucement en moi, eau vive et fraîche, comme tu l'as promis.

Pourquoi la joie? Parce que tu es Amour, parce que tu aimes, parce que tu es le Vivant et que tu donnes la Vie, parce que tu es miséricorde et tendresse, parce que tu ne laisses personne étendu sur la route avec ses blessures.

Ta joie est toute proche de la Paix. N'as-tu pas dit que tu nous donnais ta Paix, et aussi ta Joie? Ce sont les fruits de la vie nouvelle que tu fais jaillir en nous. Et cette vie ne peut jaillir que par ta Présence.

J'ai vu comment les enfants peuvent exulter follement de joie. Il me faudrait les imiter: accueillir la joie de la grâce, sans question, sans soupçon, sans autre désir que de la saisir à pleins bras à en remplir mon cœur et de transformer cette vie en amour. Amen.

3

PROMESSE REMPLIE

Mes yeux ont vu ton salut que tu as préparé
face à tous les peuples:
lumière pour la révélation aux païens
et gloire de ton peuple Israël.
(Luc 2, 30-32)

Le Temple était la maison de ton Père, Seigneur Jésus. Tu y vins pour la première fois, endormi dans les bras de ta mère, enveloppé de la sollicitude de Joseph. Tu prends ta place avec les pauvres, les petites gens, dans l'inattention générale, au milieu des cris d'animaux immolés et du bruissement des prières qui ne cesse jamais.

Un vieil homme surgit devant toi, poussé par l'Esprit, tremblant de joie de voir enfin la lumière, aube lointaine qui met fin à une longue veille séculaire. Oui, la promesse est remplie, son contenu est infiniment plus grand qu'il espérait: ce sont toutes les nations qui recevront la lumière. C'est Israël tout entier qui sera comblé de gloire parce qu'il aura veillé si longtemps dans l'attente, au nom de tous les peuples.

Ne viens-tu pas ainsi dans ma vie, lumière d'une aurore, paix dans le pardon, tendresse qui ouvre ses bras pour me recevoir, joie intime qui ne s'épuise jamais? C'est maintenant que tu viens, et garde ton serviteur auprès de toi.

Syméon n'a pas raconté sans fin sa prophétie à son entourage qui l'aurait conservée avec soin pour la transmettre à Luc. Il y eut une rencontre entre Marie, Joseph, Jésus enfant, et lui, dans le Temple. Et cet homme a parlé de la part de Dieu pour confirmer le dessein de Dieu sur l'Enfant né de Marie.

L'Église et l'évangéliste ont retenu de cette rencontre le souvenir de la très grande sainteté d'un vieillard et des paroles qu'il a prononcées au nom de Dieu. Il incarnait en lui la vocation d'Israël, avec d'autres, avec Marie et Joseph et avec les quelques gens qui se sont réjouis de la naissance de l'enfant qui porte en lui le salut préparé à la face de tous les peuples. L'enfant n'est pas né seulement pour la restauration d'Israël dans la sainteté et le service de Dieu, mais pour le rassemblement de tous les peuples en un nouvel Israël comme les anciens prophètes l'avaient vu et espéré, avec qui Dieu conclurait une Alliance nouvelle et éternelle.

Cet enfant est un enfant de lumière. Il est vérité. Il révèle aux païens qui ignoraient le dessein de Dieu, qu'ils sont appelés à se rassembler dans la Maison de Dieu pour s'asseoir à sa table et recevoir sa miséricorde.

Cet enfant est la gloire d'Israël, car il est Présence de Dieu au milieu de son peuple, le premier choisi, qui a reçu le premier la connaissance de Dieu et qui a fait Alliance avec Lui, afin d'accueillir un jour Celui qui devait venir, le Fils promis aux lointains ancêtres.

Ce qui remplit de joie le vieillard Syméon, comblé par le Seigneur au point qu'il ne se voit plus capable de contempler encore une fois la bonté de Dieu, c'est d'être témoin des premiers pas de ce rassemblement des peuples, de l'amorce du mouvement irrépressible des nations se regroupant autour d'Israël, l'Israël qui est Marie portant dans ses bras le Fils tant attendu, et Joseph qui marche à ses côtés. Ils entrent dans le Temple du Seigneur, abandonné jadis par la Gloire de Dieu. La Gloire de Dieu revient dans le Temple, ouvert à toutes les nations, par un petit enfant, qui sera suivi, dans la multitude des siècles à venir, des nations et des peuples qui formeront cette foule innombrable de toute langue et de toute race, debout devant le trône de l'Agneau.

Semences...

Est-ce que cette annonce prophétique a encore une place dans ma vie de foi, dans ma vie en Église?

Soutient-elle encore aujourd'hui mon espérance et la certitude que l'histoire du salut ne fait que commencer?

Quel merveilleux accueil as-tu reçu, Seigneur, de ce vieillard effacé, qu'on ne remarquait plus, qui attendait dans la nuit du monde la Consolation d'Israël.

Quand tu es venu à lui, niché dans les bras de ta mère, petit enfant à peine éveillé, aux yeux grand ouverts sur un monde étrange, il t'a tendu les bras avec une telle joie que son vieux cœur s'est mis à battre follement. En toi, Jésus, toutes les promesses étaient comblées, toutes les espérances recevaient leur accomplissement.

Il portait en lui, dans la solitude de ses veilles, la vocation de tout Israël, l'Alliance conclue avec Abraham, Isaac et Jacob, afin de préparer la place de celui qui allait venir, le Fils promis qu'attendait tout un peuple, toute la descendance d'Abraham, ces nations plus nombreuses que les sables des mers.

Il tremblait de la joie dont l'Esprit l'enveloppait. Il avait vu la Consolation d'Israël. Maintenant, il remettait à un tout-petit, endormi dans les bras de sa mère, l'espérance de son cœur et celle de tous les pauvres, ceux qui étaient la véritable gloire d'Israël par leur foi et leur espérance. Puissé-je communier à la joie de ces frères lointains. Amen.

4

POUR UNE NOUVELLE RELATION

Pourquoi me cherchez-vous?
Ne saviez-vous pas qu'il me faut être chez mon Père?
(Luc 2, 49)

Aujourd'hui, Seigneur, je m'efforcerai de t'écouter, de recevoir ta parole en moi. Je me la redirai sans cesse afin de la comprendre autant que je le puis, et de la goûter avec une joie intime.

Je dis peut-être... parce que dès que j'entre chez toi, je me mets à parler de tout et de rien, de ce qui m'ennuie, de ce que je ne comprends pas, de ce que je souhaite, de ce que je redoute. Il est rare que je commence par me taire... afin d'écouter. Quand je ne trouve rien à dire, je cherche quelques prières à réciter, quelques pages à te lire.

Tu viens au Temple, la maison de ton Père. Comme tout garçon de douze ans, tu es curieux de tout. Tu voudrais tout voir... mais ce qui te passionne le plus c'est d'écouter les sages de ton peuple lire la Parole, l'expliquer, rechercher le message de Celui qui en est l'auteur.

Tu oses intervenir. C'est ton droit d'ailleurs. La Loi te le reconnaît. Tu questionnes. On te questionne. Tu réponds. Et entre toi et ces docteurs, c'est une longue méditation de la Parole à plusieurs voix qui se poursuit pendant trois jours. La Parole n'est-elle pas nourriture, vie, sagesse et bonheur, prière et louange? Plus tard, tu rassembleras toutes sortes de gens autour de toi et tu proclameras: Celui qui écoute ma Parole et croit en Celui qui m'a envoyé, a la vie éternelle!

Avoir douze ans quand on est Jésus... c'est avoir la conviction intime depuis l'éveil de sa conscience que le Temple est la maison de son Père, et sa maison.

C'est savoir que la Parole que les sages et les docteurs méditent sans cesse est parole de vie, qu'elle parle de Lui en tout ce qu'elle exprime, qu'elle est la trame lumineuse de son être, de sa vie, de sa mission.

C'est se fondre dans la tradition vivante de la foi de ses lointains ancêtres, l'écouter et l'interroger, la redire avec une sagesse nouvelle, l'accomplir totalement...

Avoir douze ans, c'est inaugurer une nouvelle relation avec les êtres qui sont le plus près de soi, qui sont les plus chers, qu'on aime plus que tout autre, une relation qui n'est plus celle de la dépendance nécessaire au petit enfant, mais nécessaire à la croissance de son être vers la pleine maturité de l'adulte; c'est grandir avec l'expérience de la vie, de la foi, de l'amour, de la confiance au Père dont ses parents témoignent chaque jour sous ses yeux.

Avoir douze ans, c'est commencer à recueillir les leçons de la vie quotidienne de Nazareth, son évangile, qu'il proposera plus tard à tous ceux qu'il invitera à le suivre, à accueillir le Royaume de Dieu, une vie qui est à la fois héritée de l'idéal de l'Alliance, et de celle que ses parents inaugurent petit à petit sous l'influence de l'Esprit.

Avoir douze ans, c'est commencer à donner à sa vie son véritable but, ce qui la définira tout entière: être auprès du Père.

Avoir douze ans, c'est aussi se soumettre au long processus de maturation intellectuelle, spirituelle que le Verbe incarné doit opérer en lui, comme tout homme, comme Marie et Joseph, les gens de Nazareth, les chefs de la synagogue, ceux avec lesquels il écoute la Parole et prie le jour du sabbat.

C'est aussi devenir totalement obéissant à la volonté du Père, dans l'attente actuelle, quotidienne, du jour où le signe lui sera donné, où l'Esprit le conduira vers Jean.

C'est la fin, comme pour tout homme et toute femme, de l'enfance heureuse et éblouie, et le début de la vie simple et modeste avec ses parents, avec leur affection, partageant leur travail, avec le poids du jour, avec l'acquisition d'une sagesse heureuse parce que tout sera compris et accepté comme volonté du Père.

Semences...

Quand ai-je lu une seule page de l'évangile comme si elle avait été écrite pour moi, comme si elle était dite, articulée en moi pour qu'elle devienne vie de ma vie?

Tu n'as pas passé ta vie dans le Temple, à discuter avec les docteurs de la loi. Tu as quitté le Temple avec tes parents et tu es retourné dans ton village, car la volonté du Père, entendue dans la Parole, t'appelait à être découverte dans la vie de chaque jour, dans l'amour des tiens, dans la participation à la prière de la synagogue, dans les homélies ou les commentaires qu'on y lisait, dans l'apprentissage d'un métier, dans les multiples petites invitations discrètes à écouter, à consoler, à encourager, à aimer ceux qui t'entouraient, manifestant ainsi l'attention du Père à la vie de ses enfants.

Béni sois-tu, Jésus, Parole du Dieu vivant, Sagesse éternelle du Père. Fais habiter tes paroles dans mon cœur, que je ne les oublie jamais, qu'elles me nourrissent, me fortifient, me consolent et illuminent toute ma vie, jusqu'au jour de la vision émerveillée de ton visage, reflet de la gloire du Père dans l'Esprit. Amen.

5

LA PRÉSENCE DE LA MALADIE

Au coucher du soleil,
tous ceux qui avaient des malades de toutes sortes,
les lui amenèrent, et lui,
imposant les mains à chacun d'eux,
les guérissait.
(Luc 4, 49)

On venait à toi, Seigneur, au coucher du soleil, après les travaux du jour, quand l'heure était propice aux conversations lentes et paisibles, aux confidences, aux aveux de détresse et de souffrance. On te parlait des enfants malades, des hommes et des femmes dévorés de fièvre, des infirmes et de ces menaces ténébreuses qui surgissaient on ne savait pourquoi.

Tu écoutais humblement, avec compassion, sans juger. Il faut toujours laisser parler les malades et ceux qui les accompagnent. Sous leurs aveux, c'était la grande souffrance des hommes qui perçait: celle d'avoir perdu le chemin du retour vers le Père, de ne pas trouver de pardon, la crainte de perdre l'espérance en cette grande restauration promise par les prophètes, qui ne venait toujours pas, alors que la vie devenait de plus en plus douloureuse.

Tu écoutais et tu répondais avec un geste simple, quelques mots. Tu donnais la santé et un nouvel espoir. Si le Seigneur guérit ainsi les pauvres qui viennent à lui, c'est le signe qu'il n'a pas abandonné ses promesses et qu'il viendra bientôt sauver, et qu'alors il consolera de toutes les peines, pour toujours.

Garde en mon cœur cette espérance, Seigneur.

Quelle est la raison de l'intérêt de Jésus pour les malades? Toujours et en toute circonstance, il les accueille. Il les voit venir à lui traînant leurs infirmités, ou portés par des parents ou des voisins. On vient même intercéder auprès de lui pour ceux qui ne peuvent quitter leur maison ou qui sont mourants. On ne voit pas cette attention aux malades chez les prophètes, ou les saints de l'Ancien Testament, ni même chez Jean le Baptiste. Jésus, dès les premiers jours de sa mission, voit venir à lui des foules de malades qui ne cesseront jamais de le rechercher, de le supplier d'intercéder pour eux. On n'a pas souvenir qu'il ait dédaigné un seul malade, fût-il lépreux errant sur la route ou aveugle assis près d'une borne, ou paralysé étendu sur un grabat près d'un puits comme un ballot abandonné, ou une toute jeune fille mourante dans un village perdu.

Jésus est venu sauver. La présence de la maladie chez les hommes et leur impuissance à en guérir illustrent bien leur besoin de salut. Les contemporains de Jésus étaient persuadés que, d'une certaine manière, par leur faute ou celle de leurs proches, de tous leurs proches, la maladie résultait d'une rupture avec Dieu, d'une offense qui avait amené Dieu à retirer le souffle vital qu'il avait donné et à laisser la mort envahir peu à peu jusqu'à ce qu'elle fasse son œuvre complète.

Jésus ne joue pas au thérapeute. Il cherche à rétablir le lien avec Dieu, perdu ou oublié. Au malade qui l'implore, il demande de croire, non pas dans la force de ses dons, mais en Dieu qui peut lui redonner le souffle vital et éloigner la mort. Il lui demande d'accueillir ce lien qui lui est offert et de lui demeurer fidèle en abandonnant ses habitudes de pécheur.

On le voit dans cet instantané de Luc: Jésus accueille chacun, l'écoute, lui impose les mains, ce qui est à la fois un geste de pardon, de miséricorde, de réconciliation avec Dieu qui libère le malade de ses démons quels qu'ils soient et ravive en lui la santé de son corps et de son âme.

Jésus n'a pas éradiqué la maladie sur la terre. Un jour ou l'autre, ceux qu'il a guéris ont été atteints à nouveau par la maladie et sont morts. Alors, pourquoi les avoir guéris? A-t-il eu tort? A-t-il donné un espoir fou? En guérissant ces malades, Jésus enseigne: nous devons donner des soins aux malades, œuvrer à leur guérison autant que nous le pouvons. Ceci est une forme de la charité dont il a fait son commandement. Il ne demande pas de faire des miracles, mais d'avoir de la compassion, de la patience, de l'amour. Ce sera ainsi que nous pourrons rappeler que dans le Royaume de Dieu, il n'y aura plus de maladie, d'infirmités, de souffrance et de larmes. Avec la disparition du péché, brûlé dans l'amour de Dieu, la souffrance aura disparu.

Semences...

Un jour ou l'autre, la maladie vient et s'empare de nous comme si elle devait habiter toujours chez nous...

Il faut apprendre à l'accepter, répondre au défi qu'elle pose: quel rendez-vous avec Dieu nous propose-t-elle?

Seigneur, il y a en moi des maladies qui mûriront lentement, qui seront peut-être la conséquence de mes excès, du mauvais usage de mon corps, de mes passions, de mon orgueil, de mes haines et de mon égoïsme. D'autres m'attaqueront, nées des guerres, des accidents nucléaires, des virus millénaires réveillés par l'insouciance ou les déséquilibres imposés à la nature, ou des expériences biologiques, ou de la vie dans les grandes villes avec leur bruit, leur poussière, leur pollution, la contamination et la violence des foules.

Je te demande la grâce de vivre humblement dans la confiance en toi, de telle sorte que si la maladie ne m'épargne pas, je cherche avec ta grâce à la regarder avec courage, avec toute la foi que tu me donneras, et à désirer qu'elle serve à ton dessein de salut sur moi et que ce salut révèle ta gloire. Amen.

6

L'HOMME VIVANT

Et pourquoi m'appelez-vous: Seigneur! Seigneur!
et ne faites-vous pas ce que je dis?
(Luc 6, 46)

Ai-je trop bonne conscience, Seigneur? Il me semble que te connaître, te manifester du respect, lire des ouvrages qui te sont consacrés, réfléchir à toi quand mon esprit est reposé et que je me sens détendu, fait de moi un disciple honorable, dans la bonne moyenne. Je n'ai guère le goût des manifestations bruyantes, des engagements prononcés dans l'enthousiasme, de l'élaboration sur papier de ces grands projets qui s'essoufflent rapidement, d'avance voués à l'échec. Je marche à ta suite. Je le crois. Peut-être d'un peu loin. Mais je ne te perds pas de vue. Alors, que me demandes-tu?

«Que je fasse ce que tu dis?» Je ne comprends pas très bien. Me faut-il retrouver la mentalité ancienne et son angoisse minutieuse de fouiller la moindre de tes paroles pour y relever de nouveaux commandements?

À moins que je méconnaisse l'esprit qui doit animer tes disciples: l'amour, la charité qui est le lien éternel qui m'attachera à toi, me fera te suivre vers la croix, attendre la nuit qui précède ta résurrection, et partir sur les chemins du monde annoncer l'incroyable nouvelle, tellement elle dépasse toutes les attentes: DIEU EST AMOUR!

Il y a des disciples qui ne sont que des admirateurs. Ils s'émerveillent de la personnalité de Jésus. Ils applaudissent à ses discussions avec les pharisiens. Même si les miracles les intriguent, ils se gardent de se prononcer sur leur réalité. Ils sont en général assez bien disposés à mettre en pratique ses commandements, ses conseils de vie, toujours les mêmes, d'ailleurs, mais ne s'y décident vraiment jamais, retardant d'une occasion à l'autre jusqu'au moment où ils se désintéressent de Jésus et partent à la recherche d'un autre maître de sagesse. Jésus les regarde s'éloigner.

D'autres sont attachés à lui de tout leur être mais ont peine à comprendre les exigences qui accompagnent cet attachement. Ils les observent loyalement mais sans porter du fruit comme le souhaite Jésus. Ils ressemblent à de beaux arbres bien droits, bruissant dans le vent. On chercherait en vain dans leur feuillage le plus petit fruit savoureux et juteux.

Venant vivre au milieu des hommes, Jésus reprend le grand désir de son Père lors de la création: qu'elle porte du fruit, qu'elle fasse éclater la vie. Car, soumis au péché, l'univers est stérile et engendre la souffrance et la mort. Jésus veut que ceux qui l'écoutent gardent ses paroles.

Faire ce qu'il dit, mettre en œuvre ses paroles, c'est rendre sa vie, son existence quotidienne féconde, non pas en réalisations, en œuvres, en créations, en organisations toutes rutilantes, mais féconde de ce fruit merveilleux qu'est la charité. Car la parole de Jésus est une semence déposée dans le secret du cœur, une semence qui doit être entourée de soins. Ces soins sont le fruit d'une souple fidélité qui inspire les gestes, les paroles, les partages, les pardons, les compassions, l'oubli de soi, tout ce que Paul, dans une lettre aux Corinthiens, décrit comme la créativité constante de la charité.

Il ne s'agit pas d'un idéal moral, si admirable soit-il. Il s'agit d'entrer dans la dynamique de la création: que toute chose vivante porte du fruit, car toute chose portant du fruit accomplit le dessein de Dieu. À plus forte raison pour l'homme, objet d'un dessein particulier: il doit porter du fruit en abondance afin de glorifier le Père. C'est ainsi que l'on est véritablement disciple de Jésus.

Le fruit que Dieu attend de l'homme vivant c'est celui de la sainteté qui illumine le monde devant le Père. La sainteté est le plein épanouissement de la grâce qui libère l'humanité, et l'univers, de la soumission au péché et contribue à parfaire le dessein de Dieu sur lui.

Semences...

À quoi suis-je le plus attaché? À des observances bien précises, bien définies, bien rassurantes?

Ou à la liberté de la charité qui me fait communier au dessein de Jésus et me fait porter un fruit qui demeure?

Seigneur, ton reproche m'atteint au plus profond et me fait mal. J'avoue que j'aime les phrases redondantes et les prières émouvantes, les bonnes manières et la politesse fraternelle des réunions d'œuvre, l'enthousiasme du bénévolat et l'admiration de belles œuvres d'art religieux. Je me crois ainsi un disciple sincère et fidèle.

Je suis alors comme un bel arbre qui ne donne que de l'ombre mais n'offre aucun fruit, à toi qui passes sur nos chemins pour moissonner les fruits du Royaume, les fruits de justice, de charité à la gloire du Père. Garde-moi, Seigneur, de rendre inutiles tes paroles, et de faire ainsi échec à ta mission.

Je te prie, Seigneur, oublie la trop réelle stérilité de ma vie. Toi seul peux toucher mon cœur, avec la violence de ton amour, pour l'éveiller et l'amener à la fidélité du disciple qui garde ta parole et la met en pratique pour la joie du Père. Amen.

7

LA FÊTE DU ROYAUME

Qui accueille en mon nom cet enfant
m'accueille moi-même et qui m'accueille,
accueille Celui qui m'a envoyé.
(Luc 9, 48)

Tant de gens promettent des choses plus merveilleuses les unes que les autres, tant de gens affirment que nous sommes les personnalités les plus intéressantes qu'ils n'ont jamais rencontrées, tant de gens assurent que le bonheur est au coin de la rue, puis partent, nous laissant avec quelques promesses qui se dissoudront d'elles-mêmes.

Tu es venu — et tu viens chaque jour —, avec des mots simples et des images empruntées à la vie, annoncer que le Royaume du Père était tout proche, qu'il fallait se préparer à l'accueillir comme une fête éternelle, pleine de lumière et de joie. Peu te croient. C'est trop évident! La vie est beaucoup plus compliquée que ce que tu dis. Il y a toutes ces crises, ces projets qui n'aboutissent pas, ces enquêtes interminables, ces absurdes contradictions de la vie de chaque jour.

Des enfants te regardent. Parce qu'ils n'ont pas encore le goût de nos arguties, de nos études scientifiques, de nos examens minutieux, ils se précipitent vers toi et tendent les bras pour que tu les prennes et leur parles du Père, de sa maison, de toi, de l'Esprit qui est comme le vent, de ton cœur qui sera transpercé d'amour pour tous les accueillir dans la Grande Maison de ton Père. Puis-je me joindre à eux?

L'enfance de Jésus... on l'imagine comme une enfance en aube blanche, mains jointes, marchant lentement et cérémonieusement vers le Saint des Saints.

Ne fut-elle pas plutôt une enfance heureuse, entourée d'amour, curieuse de tout, nourrie de découvertes que Jésus évoquera plus tard dans ses paraboles: fleurs, oiseaux, soleil couchant, jeux d'enfants sur la place, le verre d'eau fraîche tendu par sa mère, les tâches et les travaux de la famille, les merveilleux pèlerinages à Jérusalem, l'apprentissage à voir la volonté du Père en tout événement, en toute rencontre, en tout bonheur comme en toute tristesse?

Parce qu'il a gardé de son enfance une foule de souvenirs heureux, Jésus se fait le complice des enfants. Ils peuvent l'approcher sans crainte, se glisser au premier rang quand il parle aux gens, s'asseoir par terre autour de lui et se presser pour lui prendre les mains, le toucher, attirer son attention, alors que les apôtres sont impatientés et veulent les chasser. Jésus est attristé par la maladie des enfants. Quand on l'implore pour un enfant malade, il répond toujours. Il le guérit... quand il ne ressuscite pas comme il le fit pour un jeune garçon, fils unique d'une veuve, et la petite fille qu'il invita à se lever.

Chez les enfants, il admire la capacité d'émerveillement devant ce qui est nouveau, que ce soit une fleur ou une grande noce. Il admire leur confiance. Un enfant croit que celui ou celle qui l'aime, peut tout faire. Il croit que celui ou celle qui l'aime ne peut le tromper, ni se moquer de lui, ni lui faire des promesses qu'il ne tiendra jamais. Jésus admire l'attitude de dépendance de l'enfant qui a besoin de plus grand, de plus fort que lui, de quelqu'un qui veillera sur lui, qui le protégera, le consolera quand il aura du chagrin.

Jésus donne les enfants en exemple à ceux qui cherchent le Royaume de Dieu: comme eux, il faut accueillir le Royaume comme une fête, avec confiance, avec la certitude indiscutable que tout ce qui est promis sera donné. Et comme les enfants savent d'instinct que devant un cadeau, il faut se jeter dans les bras de celui ou de celle qui l'offre, Jésus demande qu'on l'accueille lui, plus que les guérisons, plus que les pains multipliés, plus que les poissons qui gonflent les filets.

Jésus ne viendra pas seul. Il viendra avec le Père et l'Esprit. Il fera sa demeure en celui qui croit en lui et ainsi, bien humainement, comme un enfant qui entre dans une famille, le disciple sera accueilli dans la communion des personnes divines, dans la famille de Dieu.

Semences...

Accueillir le Royaume comme une fête éternelle offerte par le Père, comme la joie inépuisable, comme la tendresse miséricordieuse qui a guetté au loin la silhouette affaiblie sur la route du retour.

Seigneur, je m'inquiète de ne pas avoir de pensées assez originales, assez profondes sur le Royaume qui exprimeraient enfin l'accueil de ta parole, ma foi, mon acquiescement comme une belle conclusion au terme d'une longue discussion.

Qui suis-je pour discuter mot à mot avec toi l'annonce de ton Royaume, pour vérifier les conditions d'accueil? examiner chacune de tes propositions? en peser toutes les conséquences? préparer avec soin ma demande d'admission?

Tout cela, les pharisiens le faisaient. Mais, il y avait les enfants qui se faufilaient jusqu'à toi à travers la foule, barbouillés de poussière, les cheveux pleins de paille, qui te dévoraient des yeux et ouvraient leur cœur à chacune de tes paroles. Il y avait des tout-petits que leurs mères te tendaient pour que tu les bénisses: ceux-là que les apôtres voulaient refouler de l'autre côté de la rue.

Qui a laissé descendre la promesse dans son cœur?
Qui a eu confiance en toi?
Qui a su lire l'amour dans tes yeux?
Qui t'a regardé partir avec la certitude
    que tu reviendrais?
Les enfants... Amen.

8

LA MEILLEURE PART

Marthe, Marthe,
tu t'inquiètes et t'agites pour bien des choses.
Une seule est nécessaire.
C'est bien Marie qui a choisi la meilleure part,
elle ne lui sera pas enlevée.
(Luc 10, 42)

Entre, Seigneur. Viens chez moi... Je suis tellement heureux de ta visite que je vais tout préparer pour ton repas et ton plaisir... Je n'aurai pas beaucoup de temps pour t'écouter, mais tu comprendras que c'est pour toi que je fais tout cela. Pourquoi ne dis-tu rien? Il me semble que je mets tout mon cœur à rendre ton séjour agréable. Repose-toi. Ne t'occupe pas de moi. J'aurai bientôt fini et je serai tout à toi. Nous prendrons alors toute la soirée pour parler. J'ai tant de choses à te raconter...

Tu ne dis toujours rien? C'est vrai que je fais un peu de bruit et que je marche sans arrêt, et qu'il me faut m'occuper de tant de choses en même temps. Et ce téléphone qui sonne...

«Je m'inquiète et m'agite pour bien des choses, dis-tu, alors qu'une seule est nécessaire.» Je ne comprends pas. Pourquoi me regardes-tu ainsi et me fais-tu signe de m'asseoir tout près de toi, comme un ami près de son ami?

Jésus veut être écouté... ce qu'il dit, ce qu'il apporte est ce qu'il y a de plus vital, de plus nécessaire, de plus libérateur.

Il prend toujours l'initiative de venir: c'est lui qui nous invite toujours. L'écoute est la plus grande marque d'affection et de confiance que l'on puisse lui offrir... parce que l'écoute que lui offrent ceux qui l'aiment, lui permet de les combler avec une grande tendresse.

Il vient chez Marthe et Marie. Était-il attendu? Avec lui, on ne savait jamais à l'avance quand il passerait et s'arrêterait, le jour ou la nuit, le matin ou le soir. Sa venue cause une grande joie chez les habitants de la petite maison de Béthanie. Et Marthe, avant même que Jésus ait parlé, commence à s'affairer «à un service compliqué», tandis que Marie, sa sœur, s'assoit à terre près de Jésus pour l'écouter.

Marthe, par amitié réelle et totale, voulait bien recevoir Jésus et se contentait de saisir au vol, de temps à autre, au milieu des préparatifs du repas, quelques mots de ce que disait Jésus. Quelque peu frustrée de ne pas tout entendre et trop accaparée par ses préparatifs, elle demande à Jésus — les hommes ne sont jamais très conscients de tout le travail que l'on fait pour eux — de remettre à plus tard sa conversation avec Marie afin qu'elle puisse y participer elle aussi, et d'inviter sa sœur à apporter son aide à la préparation du repas.

Marie avait compris d'instinct que si Jésus s'arrêtait chez elles quand ses allées et venues le rapprochaient de Jérusalem, c'est parce qu'il trouvait en elles des cœurs prêts à l'écouter, désireux de garder sa parole au plus secret d'eux-mêmes et de la partager un jour.

Alors que Marthe croyait que l'attachement fidèle et total à Jésus s'exprimait dans le plus grand service de sa personne, Marie avait compris que l'amour apprend à s'exprimer dans l'écoute paisible qui laisse au Maître la liberté de toucher le cœur, de le transformer, de l'attacher à lui avec des liens de douceur insécables. La meilleure part, pour Marie et Marthe, comme pour chacun de nous, sera toujours de choisir l'écoute du Seigneur, intime, silencieuse, paisible, fût-ce au milieu des tâches les plus bruyantes, des responsabilités les plus lourdes, des engagements les plus tumultueux. Marthe ne l'avait pas encore compris. Peut-être que Marie non plus... mais elles étaient toutes deux prêtes à le comprendre. Comme elles, chacun est invité à choisir la meilleure part: ce petit miracle de silence et de paix caché au fond du cœur dans lequel la Parole se fait doucement entendre, signe de la venue et de la Présence du Seigneur.

Semences...

Toujours affairé en un service compliqué... pastoral, caritatif, devoirs d'état... ou tout simplement le train-train quotidien qui me dévore vivant...

Où trouver la place à cette meilleure part que le Seigneur m'invite à choisir?

J'avoue, Seigneur, que je n'ai vraiment que peu de temps à te consacrer. Ce n'est pas que je t'oublie, que je refoule! Vois toutes ces tâches que j'accomplis pour toi, chaque page de mon agenda est couverte de griffonnages. Ma table de travail déborde de dossiers que je n'ai pas eu encore le temps de lire. Et ces réunions... ces coups de téléphone à donner, ces déjeuners d'affaires, ces soupers de bienfaisance, ce concert-bénéfice auquel j'avais promis d'assister...

Plusieurs fois par an, je me propose, par une résolution inscrite dans mon ordinateur, de trouver du temps pour toi, pour nous deux, du temps de silence, de prière intérieure, de relecture des évangiles, de longs moments d'adoration près de l'Eucharistie...

Je n'ai pas encore trouvé ma meilleure part... Donne-moi la grâce de ne pas renoncer à la chercher, et l'ayant trouvée, un jour, de la choisir et de la garder. Amen.

9

NOTRE PÈRE

Si donc vous, qui êtes mauvais,
savez donner de bonnes choses à vos enfants,
combien plus le Père céleste donnera-t-il l'Esprit Saint
à ceux qui le lui demandent.
(Luc 11, 13)

Toute prière est communion de volonté avec toi, Seigneur. Je le sais. Je le comprends, mais je ne suis pas assez humble pour accepter qu'il en soit ainsi.

Je prie souvent afin que tu fasses ma volonté. Il se peut que ce que je te demande corresponde tout à fait à tes désirs sur moi, s'harmonise avec la grâce de ma vocation, rejoigne ton dessein. Alors, j'oublie mes intentions pour adopter les tiennes.

Par contre, quand je prie et que je ne crois pas obtenir de réponse, je me comporte comme un païen: je multiplie les formules, je cherche des prières mieux élaborées, je vérifie le degré d'exaucement qu'elles reçoivent, je marchande, je fais des promesses, je cherche à te séduire, je te montre mes plaies et mon livret de banque dans le rouge.

Comme mes parents, jadis, m'ont appris à formuler une demande avec confiance dans leur amour et dans leur ingéniosité, ton Fils Jésus nous a appris à te dire «Notre Père céleste» et à reconnaître que tu ne laisses jamais une prière sans réponse. Il est vrai que nous sommes souvent surpris de la réponse, et il faut du temps pour comprendre qu'elle est la meilleure chose qui puisse nous advenir.

Jésus vient d'enseigner à ses disciples, qui le lui ont demandé, une prière qui est à la fois une forme et un contenu, une prière qui convient à la relation entre le Père et ses enfants et entre les fils et les filles de Dieu.

Il ne suffit pas d'avoir trouvé une bonne formule. Il ne suffit pas de la réciter avec plus ou moins de conviction, il faut la charger d'une confiance toute filiale.

Bien sûr, les pères n'accordent pas à leurs enfants tout ce qu'ils demandent. Le souci des parents est de répondre aux vrais besoins de leurs enfants, selon les ressources qu'ils possèdent eux-mêmes.

Jésus évoque ce souci de tous les parents, même de ceux qui sont les moins habiles, les moins affectueux, plus ou moins distraits. Vous ne donnez pas à votre enfant qui vous demande du poisson, un serpent, ni un scorpion à celui qui demande un œuf comme si vous ne compreniez pas ce qu'ils disent. Il revient aux parents de discerner, de juger, de répondre au véritable besoin de leurs enfants et de ne pas céder au moindre de leurs caprices.

Les enfants qui se font refuser quelque chose, peuvent douter que leur père veuille véritablement répondre à leur besoin. Ils sont convaincus que toutes leurs demandes sont absolument justifiées et doivent recevoir une réponse immédiate. Il en va de même des hommes qui prient leur Père céleste. Ne doit-il pas répondre sans discuter à tout ce qu'ils lui demandent, immédiatement et absolument?

Jésus évoque discrètement que le plus grand don du Père c'est le souffle de vie. Tout ce que le Père accordera par la suite est voulu afin d'assurer la vigueur du souffle de vie, que ce soit le pain de chaque jour, le pardon des péchés qui étouffent le souffle de vie, la protection contre les puissances maléfiques.

Mais, le Père céleste veut combler ses enfants d'un plus grand don: le Souffle Saint, l'Esprit Saint qui consacrera leur adoption filiale et les fera communier à la Vie du Père.

Et le Père veillera avec tendresse à inspirer à ses enfants de lui demander les soutiens nécessaires pour que cette vie nouvelle se développe en eux. Il ne peut refuser ce qu'Il inspire de lui demander. Et dans sa propre prière, Jésus nous laisse l'exemple parfait de cette prière filiale qui reçoit toujours une réponse.

Semences...

Pourquoi mes prières, me semble-t-il, se heurtent-elles à une porte close, à des bureaux fermés?

Ce que je demande est-il nécessaire à ma vie d'enfant de Dieu? Est-ce que j'accepte avec confiance que la réponse à ma prière s'étende dans le temps, ou que je ne sois pas exaucé parce que ce que je demandais était nuisible à la grâce de Dieu en moi?

Quand vous priez, dites: Père...

Je sais, Seigneur, que je cède à la tendance à m'écouter prier, à admirer les formules que j'invente, à vérifier mon niveau de recueillement en me comparant aux spirituels dont j'ai lu quelques œuvres.

Tu as voulu nous apprendre à prier comme nos parents nous ont appris à leur parler, à leur confier nos peines, nos joies, à leur exprimer nos besoins.

C'est ainsi que tu veux que nous parlions avec Notre Père céleste, avec tes mots, avec nos mots, avec ceux que tu nous a appris, comme toi tu les avais reçus du Père par l'Esprit Saint.

Quand nous empruntons tes mots, nous prions dans la vérité de l'amour qui se cache en nos cœurs, dans la vérité de nos besoins de pain et d'amour, de pardon et de miséricorde, dans la vérité de la providence du Père qui veillera sur nous, dans la vérité de chercher la volonté du Père en toute chose et de nous réjouir de sa gloire, dans la vérité de notre espérance qui ne sera jamais déçue. Amen.

10

LE ROYAUME DE DIEU

Cherchez plutôt le Royaume
et cela vous sera donné par surcroît.
Sois sans crainte, petit troupeau, car votre Père
a trouvé bon de vous donner le Royaume.
(Luc 12, 31-32)

Tu nous as appelés, nous, tes disciples: «petit troupeau». Et il est vrai que nous le sommes.

Nous sommes entourés d'immenses royaumes: ceux de la science, de la culture, de l'économie, des loisirs, des communications, de ces puissants courants d'idées qui balaient le monde et changent les mentalités en quelques années.

Si puissants, si arrogants soient-ils, ces royaumes se succèdent sans cesse l'un à l'autre. Ils s'écroulent subitement, alors qu'on les croyait établis pour une une durée illimitée.

«Sois sans crainte», nous dis-tu. Le Royaume que tu annonces n'est pas de ce monde. Il n'a rien en commun avec les modes, les courants d'idées, les personnalités remarquables, les assemblées internationales.

Le Royaume est donné par le Père et il ne peut être emporté par les vents qui secouent les empires. Il est donné pour durer éternellement, et ceux qui le cherchent le trouvent toujours et y font leur demeure à jamais s'ils sont pauvres et petits, libres de cœur, refusant de s'agenouiller devant les idoles.

Fais naître en nous un désir vif, douloureux, passionné de ton Royaume. Entraîne-moi à ta suite afin que je le trouve, lui qui est caché comme une perle dans la communauté de tes frères et de tes sœurs qui gardent ta parole et attendent le jour de ta venue.

C'était une promesse qui avait suscité une indomptable espérance et une attente de plus en plus douloureuse: Dieu viendrait vivre au milieu de son peuple. Tout serait différent, car Dieu changerait les cœurs et les esprits des hommes qui, désormais, vivraient pour le servir dans la paix, la justice, comblés par la connaissance et l'amour du Seigneur.

Autour de ceux qui espéraient la consolation d'Israël, s'étaient élevés et se dressaient encore d'immenses empires, des royaumes de fer et de sang, arrogants, cruels, qui s'arrogeaient tous les droits sur les âmes et les corps. Quelques-uns s'écroulaient après avoir terrorisé les pauvres gens, laissant à leur place d'immenses déserts stériles. Mais d'autres prenaient leur place, et la souffrance des petits ne cessait jamais sous les injustices qui les accablaient.

Jésus avait répété partout, dans les synagogues, sur les places des petits villages où il s'arrêtait, que le Royaume était tout proche, qu'il était même au milieu de ce monde comme un levain enfoui dans la pâte, comme une graine perdue dans un champ, comme une perle précieuse oubliée et qui attend d'être découverte, comme un filet lancé à la mer qui se gonfle de poissons de toutes les espèces. Il était urgent de l'accueillir, d'ouvrir son cœur à sa venue, de changer sa vie pour lui faire toute la place.

Le Royaume, c'était la présence de Dieu, venu offrir aux hommes une relation nouvelle, une Alliance nouvelle avec Lui, qui prendrait la forme de l'adoption filiale. La famille humaine tout entière serait engagée dans une vie nouvelle dont Jésus était l'illustration parfaite: charité, miséricorde les uns pour les autres, souci prioritaire des petits et des pauvres, inspiration constante par l'Esprit Saint qui assurerait la réussite absolue, définitive, éternelle du Royaume.

Celui-ci était donné par Dieu aux petits, à ceux qui n'avaient aucune part aux royaumes terrestres, à ceux qui étaient écartés et exploités. Ils n'avaient pas à le conquérir, mais à le chercher, à se disposer à l'accueillir, à l'espérer, à tendre vers lui, à commencer à y vivre en suivant Jésus et en mettant en pratique ses paroles, à devenir les siens, son troupeau, celui que le Père rassemblait puisque le premier avait été dispersé et perdu.

Semences...

Quelle est ma foi dans le Royaume de Dieu? Est-il autre chose qu'un mot répété par habitude?

Chercher le Royaume de Dieu engage toute une existence. Cela signifie s'engager à la suite de Jésus, marcher avec Lui, l'accompagner dans toutes les étapes de son retour vers le Père...

«Cherchez le Royaume avant tout... Le reste vous sera donné selon vos besoins.»

Je l'ai contemplé chez de nombreux chrétiens, mes frères et mes sœurs dans la foi, qui se sont totalement consacrés à chercher le Royaume dans le dévouement aux miséreux de toutes sortes, dans la prière pour le monde, dans l'étude et l'enseignement de la Parole, dans la souffrance acceptée comme un rendez-vous avec toi, dans la fidélité à leur amour et à leurs enfants, dans les responsabilités de leur charge, dans la vie pauvre tout abandonnée à la Providence.

C'est vrai que tu les comblais. Ils recevaient ce soutien qui est la paix du cœur, la joie de l'Esprit, la tendresse du Père. Ils étaient petits, oubliés, méconnus, ils laissaient tout le monde indifférent.

Pour ceux-là, je te bénis et te rends grâce, car ils sont les témoins de ton Royaume. Ils annoncent qu'il y a un espoir infini offert à tous en ta venue et ta présence, Seigneur, Fils bien-aimé, premier-né d'une multitude de frères, Roi de Gloire. Amen.

11

DANS L'ATTENTE DE SON RETOUR

Heureux ces serviteurs que le maître à son arrivée
trouve en train de veiller. En vérité je vous le déclare,
il prendra la tenue de travail, les fera mettre à table
et passera pour les servir.
(Luc 12, 37)

Nous avons appris de ton peuple, Seigneur, de nos ancêtres dans la foi, que l'attente sereine, la veille qui se prolonge dans la prière, sont un sacrifice spirituel, une offrande amoureuse à ta Gloire, le don le plus précieux que nous puissions t'offrir, celui du temps de notre vie.

Comme les prophètes, comme les poètes qui ont créé les psaumes, tu nous presses de demeurer fidèles, d'attendre dans la paix, dans l'humble confiance du serviteur qui sait que son maître n'abandonnera pas son domaine mais y reviendra toujours.

J'attends, car tu reviendras. Tu n'as pas disparu à l'horizon comme un voyageur qui s'enfonce dans le désert. Tu ne t'es pas perdu dans un silence lassé. Tu n'as pas fermé ton cœur à la misère toujours recommencée, à la souffrance jamais épuisée des petits et des pauvres, parce qu'elles te seraient devenues insupportables et que tu ne parviendrais jamais à répondre à tous les espoirs.

Tu reviendras, car tu es toujours présent. Et vers toi, je lève les yeux, guettant la première lueur du jour où tu reviendras dans l'éclatante lumière de ta gloire.

L'absence de Jésus n'est pas un abandon, une rupture qui marque une fin, la cessation de la mission que le Père lui a confiée. Elle ressemble plutôt à l'absence d'un maître de domaine qui est amené par ses affaires à quitter sa maison et ses champs, à les confier à des serviteurs choisis. Jésus met fin à sa présence visible qui ne pouvait qu'être limitée dans le temps et réduite à une poignée d'actions. Il entre dans la gloire du Père, là où il étend son action à l'univers entier et à la suite des siècles, comme un médiateur et le grand prêtre unique et éternel.

Mais il a promis de revenir, d'être à nouveau visible, non seulement aux siens qui lui seront demeurés fidèles, et qu'il comblera de la vie et de la joie éternelles, mais aussi à ceux qui l'ont refusé et renié et qui seront terrorisés par sa gloire et sa puissance.

Pendant l'absence de Jésus, aussi longtemps qu'elle se prolonge, les disciples doivent veiller, c'est-à-dire attendre, demeurer attentifs, guetter l'aurore du jour de son retour. Cette attente n'est pas un temps vide, immobile, stérile. Le disciple doit poursuivre la tâche que le maître lui a remise, servir ses frères et ses sœurs, les yeux ouverts, l'esprit attentif à guetter les moindres occasions de répondre à la volonté de son maître telle qu'elle lui fut donnée avant son départ.

Il doit aussi poursuivre le combat que Jésus avait mené contre les puissances du mal, en lui-même et autour de lui, lutter contre ce que Jésus dans ce même passage dénonce: la violence, la recherche abusive du boire et du manger, la paresse, l'exploitation des autres, de ses compagnons de vie.

Et il ne sera victorieux dans ce combat où s'exerce sa fidélité à Jésus, que s'il respecte les conseils de son maître: veillez et priez afin de ne pas entrer en tentation.

Celui qui sera trouvé vigilant, sera comblé de l'amitié de son maître qui l'honorera en devenant lui-même serviteur de son disciple, l'invitant à sa table et le traitant comme un hôte d'honneur en le servant. On peut évoquer ici la Cène du Seigneur où Jésus se fit nourriture de vie éternelle et vin versé pour une Nouvelle Alliance, après avoir lavé les pieds de ses apôtres, qui d'ailleurs n'avaient guère été vigilants.

Semences...

Ma foi est-elle sporadique, mon espérance occasionnelle, sans plus, ma charité... selon les circonstances? Je ne suis plus alors en état de veille... Je fais plutôt du surplace, du temps partiel, des contrats occasionnels...

Au secret de ma vie, y a-t-il une attente véritable et sereine du retour du Seigneur? Pas seulement au moment de ma mort, mais en beaucoup d'événements dans lesquels sa grâce est visible et puissante?

Je me rappelle, Seigneur, ce si merveilleux aveu de l'amante du Cantique: «Je dors, mais mon cœur veille.»

Le poids de mes tâches est lourd. Et celui de mes soucis l'est davantage malgré le conseil que tu nous as donné. Je cherche sans cesse, et sans succès, un peu de temps pour penser à toi, me souvenir de tes paroles, me rappeler tes gestes de miséricorde, les promesses que tu nous as laissées.

Tu nous demandes d'attendre, de faire de notre existence une attente de ta venue, non pas comme des serviteurs inoccupés qui paressent sous le soleil dans l'attente d'un travail improbable, mais comme des bons associés de ta mission, de ton Royaume, qui portent le poids du jour et de la chaleur mais sont habités par la joie discrète de savoir que tu viendras bientôt et que tu veux les trouver éveillés, en train d'accomplir leur tâche, priant spontanément.

Ceci nous est peut-être plus difficile que jadis, car nous appartenons à une culture de l'immédiat qui n'attend pas, qui se glorifie de sauver dix ou douze secondes dans une journée parce qu'elle a coupé les délais de l'attente, sans savoir ce qu'elle peut faire de ces secondes.

Donne-nous la grâce de prendre notre temps, ton temps, de transformer tous les petits moments d'attente de chaque jour en moments de prière dans lesquels notre cœur veillera. Amen.

12

ARBRE AUX OISEAUX

Le Royaume de Dieu
est comparable à une graine de moutarde
qu'un homme prend et plante dans son jardin.
Elle pousse et devient un arbre
et les oiseaux du ciel font leurs nids
dans ses branches.
(Luc 13, 14)

Un jour, Seigneur, tu es venu dans le jardin du monde. Tu as semé une toute petite graine: le début du Royaume de ton Père. Sa croissance durerait autant que l'existence de la création. Elle ne serait jamais compromise même si des épreuves d'une dureté implacable chercheraient à l'arracher de la surface de la terre, et du cœur des hommes.

Quand l'arbre fut assez haut, il a porté un premier fruit, celui de ton Corps très saint pendu à la croix pour appeler tous tes frères et sœurs des siècles à venir, à te rejoindre et à prendre place dans l'arbre du Royaume, oiseaux épuisés qui se faufilent entre les branches pour s'y refaire et y construire leurs nids.

Permets que je m'approche de toi et d'eux. Tu m'y invites, tu m'y donnes une place. L'arbre de ton Royaume n'écarte personne qui y cherche un refuge, qui veut y prendre place avec ceux qui sont venus des plus lointains pays, comme avec ceux qui n'ont besoin que de quelques coups d'ailes pour s'y cacher. Avec toi, j'attendrai que le grand jardin du Père soit ouvert et avec toi, nous irons y vivre pour toujours.

Ceux qui entendirent la première fois cette parabole de la bouche de Jésus, vivaient très concrètement l'expérience d'être soumis à un empire. Leurs ancêtres avaient connu les grands royaumes d'Égypte, de Babylone, de Ninive. Ils avaient subi la conquête des armées d'Alexandre, puis l'installation des armées romaines et de l'administration romaine.

Ils avaient vu naître et grandir ces royaumes par les conquêtes menées par leurs armées. Ils avaient vu leur économie soumise au contrôle des vainqueurs, leurs structures sociales éclatées par les dispersions, l'esclavage, l'entrée de dieux étrangers encourageant des mœurs étranges. Leurs traditions avaient été interdites et l'originalité de leur culture ancestrale effacée. Leur histoire avait été contrainte d'intégrer des princes inconnus auxquels ils devaient rendre un culte. On leur avait imposé des symboles et des mythes totalement étrangers à leur foi.

La naissance du Royaume de Dieu dont parle Jésus est décrite avec un discret humour. Elle n'est pas une œuvre d'hommes. Qui serait assez farfelu pour planter une seule graine de moutarde dans un champ immense?

Dieu peut semer l'événement unique du Royaume — il n'y a qu'un seul Royaume — dans l'immensité de l'univers, des temps, des innombrables foules humaines, qui est le jardin du monde.

La semence — l'événement initial — du Royaume germe et grandit par soi-même. Elle puise en elle-même, parce qu'elle est œuvre de Dieu, sa croissance. Elle n'accapare pas le champ pour elle seule. Elle n'étouffe pas les autres semences. Elle pousse par sa propre vitalité la Vie que le Seigneur a déposée en elle et qui contient toutes les ressources nécessaires à sa croissance si bien qu'à la fin, il ne s'agit plus d'un honnête plant de moutarde mais d'un arbre. La petite graine, sous la puissance de la Vie qui l'habite, s'est transformée en un arbre très grand, majestueux, qui glorifie la terre et embrasse le ciel, prêt à accueillir tous les oiseaux qui voudront y nicher.

Chaque espèce trouve en lui sa place et y construit son nid tel qu'il lui convient. Il y a toujours de la place pour accueillir de nouveaux nicheurs. Ils y viennent librement, s'y installent librement, et reçoivent de l'arbre les fruits qui les nourriront.

La croissance de l'arbre-royaume ne semble jamais cesser. Il étend ses rameaux jusqu'à l'horizon. Debout au milieu du jardin du monde, il offre la vie à ceux qui viennent faire leur demeure sous son ombrage.

Semences...

L'Église, qui est la forme actuelle du Royaume de Dieu, prépare le Royaume éternel. Elle est l'arbre en sa croissance. Elle connaît toutes les difficultés de la croissance dans un milieu hostile, les revers, les déperditions de force, les violences physiques et culturelles qui veulent l'abattre... Mais elle continue toujours de grandir selon le dessein de celui qui l'a plantée...

De ma fenêtre, j'observe un très grand arbre et très vieux, à qui on coupe une ou deux branches malades chaque printemps afin de prolonger sa vie et sa beauté. Avec les premières feuilles, les oiseaux s'y éclatent. Ils ne sont guère de beaux oiseaux du paradis. Ce sont des bruants, des mainates, des étourneaux. Ils criaillent sans arrêt, quittent l'arbre en tourbillons coléreux et reviennent aussitôt. L'arbre offre patiemment ses branches et ses rameaux à ce petit monde excité et ingrat qui lui revient sans cesse parce qu'il a besoin de lui. Et lui ne secoue jamais ses branches pour les chasser, pour rêver en paix dans le ciel et se balancer doucement sous le vent.

Tu nous accueilles ainsi, Seigneur, nous arrivons de partout. Nous ne sommes pas une élite rutilante mais des disciples bien ordinaires dont la fidélité est fragile. Tu nous offres une branche, un rameau feuillu où nous serons protégés et où nous aurons le temps de réfléchir à ce Royaume dont tu nous as tant parlé et pour lequel tu as donné ta vie. Nous pouvons te quitter brusquement sur un coup d'aile, un envol stupide. Tu attends que nous revenions et tu seras toujours là pour nous accueillir, nous offrant ton cœur, sous tes branches, pour que nous trouvions auprès de toi le repos de nos âmes. Amen.

13

DANS LA GRATUITÉ DE L'AMOUR

Quand tu donnes un festin, invite des pauvres,
des estropiés, des boiteux, des aveugles,
et tu seras heureux
parce qu'ils n'ont pas de quoi te rendre.
En effet, cela te sera rendu à la résurrection des justes.

(Luc 14, 13)

Quel bonheur de recevoir une invitation précieuse qui nous est apportée alors qu'on n'y pensait pas, ou même qu'on se croyait totalement écarté de cette grande fête, réservée à des élites en santé, cultivées, habituées de ces réceptions!

Tu viens m'inviter à entrer au Royaume, Seigneur, non parce que je fais partie de l'élite de la piété et que mes œuvres témoignent de mes bons services, mais parce que je ne suis rien. Je suis l'un de ceux et de celles que tu as si souvent rencontrés sur ta route, qui avaient choisi de prendre le chemin parce qu'ils n'avaient nulle place où aller et qu'on ne tenait pas à les voir traîner près des salles de festin.

Je vais m'approcher des portes du Royaume, sans crainte d'être écarté. Nous tous que tu as invités, sommes des pauvres, sans mérite, sans autre titre qu'un besoin insondable d'être pardonnés, d'être aimés, même si nous savons au fond de nous-mêmes que nous n'avons aucun droit de recevoir une telle miséricorde.

Mais tel est ton cœur! Telle est ta miséricorde! Telle est ta tendresse de Père de n'écarter de ta table aucun de ces petits, même s'ils ne comprennent pas combien tu les aimes, et qu'ils n'auront jamais rien d'autre à t'offrir en retour que de vouloir être les derniers de tes serviteurs dans les champs du Royaume.

On peut lire cette parole du Seigneur et la comprendre comme un conseil de mise en œuvre de la charité sans attendre de retour au bien que l'on fait. Bien sûr, on ne donne pas de festin tous les jours et il n'est guère facile de rassembler une telle clientèle autour de sa table. C'est une invitation à la générosité gratuite.

On peut aussi la comprendre comme une évocation du Royaume de Dieu. L'image du festin est une image biblique. L'image d'un repas plantureux fait partie des symboles prophétiques utilisés pour décrire le bonheur de l'ère messianique. Jésus l'employa à plusieurs reprises pour évoquer le Royaume, l'arrivée des païens qui viennent prendre place aux côtés des fils d'Abraham, le repas eucharistique qui annonce le banquet eschatologique. C'est une image très riche qui évoque à la fois le dessein du salut, la réconciliation, la proximité du Seigneur, le dessein de bonheur que Dieu veut accomplir pour l'humanité entière. Le festin du Royaume marquera la fin des temps, la fin de la misère et de l'exil, le retour à la maison du Père comme l'évoque si tendrement la parabole de l'enfant ingrat et du père miséricordieux.

S'il y a un festin, il y a aussi des invités. Qui sont-ils? Ils ressemblent à ceux que Jésus rencontre chaque jour sur les chemins de son pays: des pauvres, des estropiés, des boiteux, des aveugles, ceux-là même que dans une parabole, il demande de lui amener avec insistance à la table du Royaume. Nous sommes tous si bien représentés dans ces personnes «semblables à des brebis sans berger», exilées du jardin de Dieu, enfoncées dans leur misère et leur détresse, incapables de retrouver le chemin qui les ramènerait au seuil de la maison du Père. Nous tous! Nous qui ne devrions pas être admis au festin du Royaume mais que Dieu ne cesse d'inviter, de presser d'entrer dans sa maison, dans son Royaume.

Le Royaume est un don. Il révèle l'amour gratuit de Dieu qui ne demande rien d'autre que le laisser nous aimer d'un amour qui renouvelle et fait entrer dans une vie nouvelle. Le Royaume n'est pas donné en échange de quelque chose. Il n'est pas donné à certaines conditions. Il est donné à ceux qui ne peuvent rien offrir en retour, qui n'ont aucun titre à recevoir, qui n'auront jamais rien qu'ils puissent remettre à Dieu comme une reconnaissance égale à ce qu'ils ont reçu. On ne peut pas rivaliser d'amour avec Dieu, on peut seulement désirer de prendre place parmi les plus pauvres pour être aimé de Lui.

Semences...

Je suis invité au festin du Royaume des Cieux, à recevoir ma part de tout le bonheur que l'image du festin évoque: la communion avec les convives, la beauté, le rassasiement, la joie et l'exultation.

Quel est le festin que je peux offrir à ceux qui m'entourent? Quelle est la meilleure part de moi-même que je veux partager gratuitement avec ceux qui semblent avoir moins reçu?

Tel est le mystère de ton Royaume, Seigneur. Ce sont les pêcheurs qui y entrent les premiers, et les païens venus des quatre coins de l'horizon du monde viennent s'asseoir à ta table. La joie grandit avec l'arrivée ininterrompue de tous ces pauvres gens qui ont entendu ton invitation et qui se sont mis en chemin avec le bagage de leur misère.

Nous serons tous là, ceux dont la vie fut boiterie, aveuglement, infirmités morales de toute nature, ayant entendu et accepté ton invitation. Nous n'aurons apporté ni fleurs, ni vin, ni gâteaux. Nos mains seront vides. Nous serons prêts à accepter d'être aimés ainsi, car ton amour est miséricorde et gratuité. Tes anges nous revêtiront de la robe de joie et de fête. La robe de la grâce. La robe de la vie nouvelle auprès de toi, car notre invitation à ton Royaume est une invitation à y demeurer toujours. Elle n'est pas celle de la fête d'un jour mais celle du bonheur d'être toujours avec toi. Amen.

14

POURQUOI LE SEL?

Si le sel lui-même perd sa saveur,
avec quoi le salera-t-on?
Il n'est plus bon pour la terre ni pour le fumier.
On le jette dehors.
(Luc 14, 34)

«C'est une bonne chose que le sel», as-tu dit, Seigneur. Une chose simple et utile que l'on mêle à la vie de chaque jour: humble saveur que l'on ajoute aux aliments, qui rappelle une autre saveur, celle que Paul conseille de mêler à nos propos: «Que vos propos soient toujours bienveillants, relevés de sel.» Saveur de la sagesse de la vie qui est faite de bon sens, de prudence, de réflexion et décision.

C'est aussi la saveur de la charité, le sourire que l'on ajoute à tout ce qu'elle inspire. Saveur de la patience discrète dans les épreuves quotidiennes, saveur de l'humilité agrémentée d'humour.

Le sel est la saveur indéfinissable qui vient de l'écoute de tes paroles, répétées dans le silence du cœur auprès de toi.

Qu'est-ce que cette saveur? Peut-elle être autre chose que la générosité du cœur qui trouve plaisir à vivre pour toi, à se nourrir de tes paroles, à aimer ta volonté et à espérer avec patience le jour de ton retour?

Il est paradoxal d'imaginer que le sel puisse perdre sa saveur. Ce sont les aliments, les viandes, les pains, les poissons séchés qui perdent rapidement leur saveur s'ils sont privés de sel. Le sel est utilisé depuis le début des âges pour leur conserver un reste de saveur. Jésus, ici, ne s'intéresse pas à la cuisine mais à ce que le sel signifie dans la tradition acquise aux temps où le peuple du Seigneur était nomade.

Le sel était une denrée rare. Il fallait l'arracher à la terre en des lieux fort éloignés. Il était précieux. Il était aussi souvent attaché à de la terre, mêlé de sable, de boue séchée et même de fumier séché. Ainsi confondu à toutes ces scories, on pouvait penser que le sel perdait toute saveur et desservait les mets sur lesquels on l'avait semé pour les conserver. Il fallait donc purifier le sel, le dégager de ce à quoi il était mêlé afin qu'il retrouve sa saveur. Il devenait alors quelque chose de précieux que l'on pouvait offrir, selon les lois de l'hospitalité, à l'hôte qu'on accueillait chez soi, en signe de respect, d'amitié, de loyauté du cœur.

Dans le rituel des offrandes que l'on présentait à l'autel du Seigneur, il était demandé que l'on ajoutât un peu de sel à son offrande afin de témoigner de la pureté de ses intentions, de l'attachement à l'Alliance avec le

Seigneur. On disait alors une expression heureuse: une alliance de sel!

Jésus, ici, s'adresse à ses disciples. Très bientôt, ils seront ses témoins qui porteront la Parole dans toutes les nations. Ce ne sera pas leur éloquence ou leur sagesse tout humaine qui donneront autorité à leur témoignage, mais leur vie transformée par leur obéissance à la parole de leur Maître, leur loyauté, leur fidélité à mettre en pratique eux-mêmes ce qu'il leur a enseigné. Sans ce témoignage, personne ne croira en Jésus, ou du moins, la foi naîtra très difficilement dans le cœur de ceux qui les écouteront.

Si leur vie ressemble à un sel malpropre, ne feront-ils pas perdre toute saveur à l'enseignement de Jésus, toute vérité à sa mission de salut et à ses promesses de vie nouvelle? Comment eux-mêmes pourront-ils présenter des offrandes saines à Dieu? Pourront-ils proclamer leur attachement à la Nouvelle Alliance, conclue dans la mort et la Résurrection de leur maître?

De tels disciples ne serviront plus à rien. On ne saura plus quoi faire avec eux. Ils s'excluent eux-mêmes du Royaume. Alors ils seront jetés dehors comme la poussière d'une maison, poussée par le balai de la ménagère.

Semences...

On peut s'habituer à ne jamais manger de sel... à la fadeur, à la grisaille d'une vie chrétienne sans mordant où tout est mêlé de sable, de poussière de vieilles choses mortes...

Il est vrai que je suis, selon ma vocation, un témoignage de ta venue, de ta vie, de ta mort et de ta résurrection, la mémoire de tes paroles. Que vaut mon témoignage? C'est en le recevant que l'on sera attiré vers toi, que l'on cherchera à te connaître, et si l'on accueille ta grâce, à s'engager à marcher à ta suite.

Est-ce trop lourd pour moi? Quand l'occasion m'est offerte de témoigner, je suis désemparé. Quels mots choisir? Comment te peindre? Quels sont les faits essentiels que je dois évoquer? Assurément, l'Esprit Saint m'assiste selon ta promesse.

Je redoute pourtant d'être comme le sel qui n'a pas été tout à fait purifié: d'offrir un témoignage contaminé, encombré des contradictions de ma propre vie, de mes petites trahisons, de mes discrètes infidélités, de mes ennuis cachés devant ta Parole et de mes recherches sans ardeur.

À quoi pourrais-je te servir alors, si j'ai perdu ma saveur, si je ne tiens en main qu'une poignée de sable mêlé d'un peu de sel sali?

Toi seul, Jésus, peux me purifier et redonner à ma foi la saveur heureuse et entraînante qui témoignera que j'ai trouvé auprès de toi la Vérité, la Vie, le Chemin vers le Père. Amen.

15

LA JOIE DU ROYAUME

Quand elle l'eut retrouvée,
elle réunit ses amies et ses voisines et leur dit:
«Réjouissez-vous avec moi,
je l'ai retrouvée, la pièce que j'avais perdue.»
(Luc 15, 9)

Seigneur, s'il m'arrive de perdre quelque chose de peu important, que je peux facilement remplacer ou oublier, je limite mes recherches à quelques déplacements de chaises, à quelques coups de balai et à quelques examens sommaires des coins de mon appartement.

Dans le quotidien de la foi, je suis souvent aussi négligent: je laisse passer de petites inspirations venant de toi, de menues occasions de mettre l'Évangile en œuvre, de tout petits appels à devenir attentif à ta présence. Je considère, sans aucune raison, que le Royaume n'est fait que de choses importantes, grandioses, un peu tapageuses, de discussions passionnées, de grands engagements solennels et de réalisations définitives qui changeront radicalement ce monde.

J'oublie souvent ce que tu as tant répété: le Royaume commence par d'humbles gestes de charité, de pardon, de confiance en la miséricorde, de partage du pain quotidien, de la prière silencieuse adressée au Père dans le secret de sa chambre. Ces petites pièces, il ne faut pas les perdre mais veiller sur elles avec soin parce qu'elles réjouissent le cœur du Père et qu'elles préparent le cœur aux grandes joies du Royaume.

L'inspiration de cette petite parabole peut sembler bien mince. Quel intérêt peut-on prêter au fait de perdre dans sa maison une toute petite pièce de monnaie ayant la couleur de la terre battue qui sert de plancher à la maison?

Quand l'on a de très modestes ressources et que la pièce allait servir à l'achat de la nourriture de la famille, on peut comprendre le souci de la ménagère de balayer l'appartement dans tous les sens, d'allumer des lumières, de chercher sous tous les meubles.

Est-ce une discrète observation de Jésus des gestes quotidiens de sa mère et des relations avec ses amies et ses voisines? Une fine observation que les petites choses de la vie peuvent devenir l'occasion d'amitié, et qu'il ne faut pas les négliger.

L'annonce du Royaume et son avènement prochain en Jésus peuvent paraître un événement sans portée aux yeux de ceux qui croient tout posséder et n'attachent aucune importance à la perte d'un sou qui s'est échappé de leurs mains trop pleines pour aller disparaître dans un coin obscur.

Le Royaume est le dessein de l'amour de Dieu, dessein de vie, de plénitude de vie, d'une vie qui n'a que faire des sous. Il est donné. Il ne faut pas le laisser tomber distraitement et ne plus s'en préoccuper. Il est précieux pour les pauvres, les négligés, et pour nous tous. Nous n'en aurons pas d'autre. Alors il faut le chercher. Il faut tout faire pour le trouver. Il faut consacrer tout son cœur et toute son ingéniosité pour le trouver, le reconnaître et le garder en ses mains comme un gage, un droit, une certitude qui ne nous sera jamais arrachée.

Trouver le Royaume de Dieu est l'occasion d'une grande joie et d'une grande réjouissance. On ne peut garder pour soi seul ce que l'on vient de trouver. Il faut le révéler aux autres... parce que les autres peuvent l'avoir cherché, dans toute la poussière de leur vie. Si quelqu'un leur dit qu'il faut continuer à chercher avec entêtement, qu'il faut allumer toutes les lampes, regarder partout, ils le trouveront certainement et la joie de tous sera complète.

Semences...

Il faut parfois un bon balayage dans notre vie, dans nos affaires de cœur et d'esprit, pour redécouvrir ce qui nous avait été si précieux et que nous avons perdu, et que nous avons renoncé à chercher.

Le Royaume n'est jamais bien loin, ni ailleurs, ni autrefois. Il est présence vivante de Jésus. Il est paroles gardées au secret du cœur. Il est promesse de miséricorde. Il est espoir de sa venue prochaine.

Fallait-il tant se réjouir d'avoir retrouvé un sou perdu? Et pourquoi pas! Ne suis-je pas plus souvent celui ou celle qui ne sait pas se réjouir de ce qui lui est offert chaque jour de la main du Père: le sourire encourageant, la parole de confiance, l'amitié qui demeure intacte malgré les maladresses, la grâce discrète mais puissante de patience, de foi, d'espérance, la petite voix cachée qui nous affirme que l'on est pardonné, tout ce qui indique que déjà le Royaume nous est donné, que nous lui appartenons et que notre espoir n'aura pas été vain?

Peut-être suis-je trop préoccupé de mon balai et de mon plancher pour saisir l'éclat discret de la petite pièce qui attend le long du mur...

Peut-être suis-je trop occupé à compter mes sous pour tendre la main vers celui que Tu me donnes...

Peut-être suis-je trop offusqué d'avoir perdu ce sou pour me réjouir avec mes amis qui viennent de retrouver la pièce qu'ils avaient perdue?

Aie pitié de moi qui ferme mes mains de peur de tout perdre. Amen.

16

CE FUT UN PLAISIR!

Vous aussi, quand vous avez fait
tout ce qui vous était ordonné, dites-vous:
nous sommes des serviteurs quelconques.
Nous avons fait seulement ce que nous devions faire.
(Luc 17, 10)

Qui ne se demande à tout propos: qu'est-ce que cela me vaudra? Qu'est-ce que ça me rapportera? Qu'est-ce que je recevrai en retour: une plus grande visibilité? des contacts précieux? des réductions de prix? un meilleur crédit? des invitations à des déjeuners-causeries? de l'avancement? Qu'est-ce que cela me rapporte de consacrer du temps aux autres? de partager mes biens, de me préoccuper des misères de ce monde? de soutenir l'Église dans ses efforts missionnaires? de dire ma foi quand on me demande ce qui me fait vivre? de respecter les engagements de mon baptême? de prier? d'accepter la volonté de Dieu dans le déroulement de ma vie? d'aimer humblement de tout mon cœur ceux et celles que Dieu m'a donnés comme frères et sœurs?

Rien! Rien de ce qui ressemble à ce que le monde recherche, exalte, proclame et louange au-dessus de tout!

Mais quelque chose de mystérieux, d'infiniment consolant: une parole! «Viens, bon et fidèle serviteur, parce que tu as été fidèle dans de petites choses, entre dans la joie de ton Maître!»

Quand la carrière s'achève, qui ne cherche pas à s'entourer de trophées, de lettres de félicitations, de photos souvenir, de diplômes, de médailles qui attesteront quel professionnel, homme politique, employé modèle, professeur émérite, chanteur bardé de disques de platine, comédien nanti d'un interminable palmarès, écrivain reconnu et respecté... nous fûmes!

C'est humain d'étaler ses mérites vrais ou prétendus afin de recueillir quelque honneur qui accompagnera la vieillesse, donnant l'impression que le temps qui meurt, n'emportera pas avec lui l'ultime mémoire de celui, de celle que nous fûmes, pendant si peu de temps, hélas! Si besoin est, on écrira ses mémoires, sa biographie, le récit de ses exploits, y insérant la liste des gens célèbres que l'on a fréquentés... et qui sont tous aussi mortels que soi.

Et si l'on est un serviteur du Royaume? un ouvrier portant le poids du jour dans les champs et les vignes du Père? Si on s'est vu confier une responsabilité modeste dans une grande œuvre de l'Église ou dans une entreprise missionnaire, ou la tâche d'étudier et d'enseigner la foi, d'être catéchète du dimanche auprès des enfants, ou plus simplement, mais non pas moins difficilement, d'être témoins de l'Évangile du salut dans sa rue, son quartier où le Christ est totalement méconnu?

Souhaitons que personne n'accepte ces charges dans l'espoir d'être béatifié ou canonisé! Être un serviteur quelconque... c'est être un parmi une immense foule d'autres. Car on n'est jamais un consommateur de la foi, un client de l'église paroissiale, un usager des services de la communauté. On est un frère, une sœur parmi une famille immense qui constitue le Corps du Seigneur, le Christ total, disait saint Augustin. Notre seule gloire, c'est l'amour miséricordieux du Seigneur et non les titres que nous pouvons lui présenter. Notre seule gloire c'est d'aller prendre la dernière place... tout près de Jésus. Notre seule gloire c'est de tendre les mains pour recevoir le pain de la vie éternelle qui nourrit notre faim de Lui.

Il n'est pas facile de faire seulement ce que nous devions faire. Qui ne prétend pas silencieusement faire mieux que Dieu? que l'Église? que les communautés chrétiennes? que ses frères et sœurs qui œuvrent durement à témoigner de l'Évangile en ce monde? Et si nous faisions seulement tout ce que la volonté du Père nous propose?

Semences...

Froidement, j'examine mes trophées, mes diplômes, mes médailles que je crois avoir bien mérités au service du Seigneur... Était-ce vraiment cela que je cherchais?...

Suis-je passé à côté d'une chose importante... qui serait l'esprit de Jésus, le don de soi sans retour, la gratuité?...

Je rêve parfois, Seigneur, d'une retraite bien méritée, gagnée à ton service, modestement confortable, agrémentée de quelques voyages bien planifiés, avec une santé rassurante, et une foule de souvenirs de mes réussites pour les raconter sans relâche à mon entourage.

Mais je n'ai pas seulement une carrière, un emploi, une panoplie de responsabilités, je suis avant tout un serviteur de ton Royaume, un ouvrier de ta vigne, portant une certaine responsabilité: parler de toi, te faire connaître ne fût-ce que par le témoignage de ma vie inspirée de la foi en ta personne et en ta mission. Malheureusement, je n'ai guère d'intérêt pour cette tâche. Aie pitié de moi. Je ne veux pas entasser des mérites, m'acheter une place au ciel comme s'il s'agissait d'une loge corporative dans un stade, me prévaloir de la reconnaissance divine...

Ne devrais-je pas au moins... m'inspirer humblement de la gratuité que je manifeste à mes proches, à mes amis, à mes voisins, quand je me contente de leur dire: ce n'est rien, ça m'a fait plaisir de vous rendre ce service?... N'est-ce pas ce que ta parole voulait me laisser entendre? Amen.

17

LA VRAIE PRIÈRE

*Deux hommes montèrent au Temple pour prier,
l'un était pharisien et l'autre collecteur d'impôts.*

(Luc 18, 10)

Où faut-il prier? C'est ce dont s'enquit un jour celle à qui tu avais demandé un peu d'eau fraîche. Je fais mienne cette demande et j'ajoute: comment faut-il te prier? Qu'est-ce qui doit habiter mon cœur quand je te prie? Que me faut-il te dire pour que tu m'écoutes?

Je vois un homme pieux, austère, connaissant la Loi, qui monte au Temple, la maison de ton Père qui doit être une maison de prière. Il a beaucoup de choses à dire: ce qu'il est (un excellent homme), ce qu'il fait (l'observance stricte des moindres détails des traditions greffées sur la Loi). Puis, sa prière tourne court. Il n'a plus rien à dire. Il t'a oublié. Il ne t'a pas écouté. Il repart chez lui, oublieux des raisons qui l'avaient amené au Temple.

L'autre ne sait rien dire. Il bafouille: «Prends pitié du pécheur que je suis.» Mais il a tout dit: ce que tu es pour lui, le Saint, le Miséricordieux, le Père, Dieu de tendresse et de miséricorde, et ce qu'il est lui, homme pécheur. Il sait que tu le connais tout entier et que sous la cendre de son cœur, tu vois la petite lumière cachée et la soif d'eau vive.

À la fin, ce n'est plus le lieu qui est important, c'est d'adorer en esprit et en vérité; et dans cette adoration, il y a toujours l'imploration d'un pécheur qui tend les bras vers le Père.

Il s'agit ici de prière, celle qui, au-delà d'un certain rituel, implique la relation vivante, la communication de cœur et d'esprit avec Dieu qui accueille celui qui s'adresse à lui, avec la tendresse du Père.

Le pharisien est un homme versé dans la prière. Il s'acquitte scrupuleusement des pratiques de son groupe religieux qui se veut une élite fidèle à Dieu, sans péché contre la Loi et respectueuse de ses multiples obligations.

Il s'inspire de la démarche décrite dans le Deutéronome (26, 1-11). Il vient présenter à Dieu les prémices de sa fidélité: il observe scrupuleusement la Loi, il rend grâce à Dieu de la perfection qu'il a atteinte. Il lui offre ses observances, ses pratiques élaborées par son groupe, qui sont plus généreuses, croit-il, que celles du commun. Il ne soupçonne pas qu'il s'est éloigné de l'Esprit de la Loi et même de la prière telle qu'elle l'enseigne. Il se prie lui-même en étalant devant Dieu ses œuvres, sans rien demander. Que pourrait-il demander d'ailleurs? Il ne ressent aucun besoin de Dieu, non seulement des bénédictions de Dieu, de sa miséricorde, mais même de sa Présence. Il a acquis la conviction qu'il peut vivre honnêtement, sans péché, strict observateur des plus petits préceptes. La relation qu'il veut entretenir avec Dieu lui semble définie par la correction et la distance.

Le collecteur d'impôts est le représentant de ceux que l'on appelait, avec les prostituées, les «pécheurs». Ils ne respectent pas les obligations de la Loi et abandonnent le peuple d'Israël en pactisant avec les puissants qui prélèvent des impôts pour leur bénéfice, alors que Dieu seul pouvait exiger des impôts pour l'entretien de sa Maison. Il ne peut aller bien avant dans le Temple. Il est cantonné dans la cour des Gentils, s'approchant tout au plus de la galerie qui marquait la limite que les païens ne pouvaient franchir sous peine de mort.

Il n'a rien qu'il puisse offrir à Dieu, aucun sacrifice, aucune prière solennelle. Il reconnaît qu'il existe entre Dieu et lui une distance infinie que symbolise le fait qu'il soit refoulé loin des lieux saints. Sa vie devrait souverainement déplaire à Dieu et ne mérite aucune de ses bénédictions. Mais il est convaincu de la miséricorde de Dieu, que Dieu est bon, qu'il enlève les péchés, qu'il donne une vie nouvelle à celui qui reconnaît son péché et en demande la rémission.

La conclusion de Jésus est tranchante: celui-ci redescendit chez lui justifié, c'est-à-dire pardonné, devenu ami de Dieu dont la vie lui est à nouveau agréable, car elle est sanctifiée, et non celle de l'autre.

Semences...

Qui peut être pharisien? Nous tous! C'est une tentation persistante, surtout chez les «âmes pieuses»! Moi, je dis mon chapelet, moi, je fais des heures d'adoration, moi, je vais en pèlerinage, moi, j'ai reçu des charismes de l'Esprit, moi, je n'écoute que les émissions religieuses... Je ne suis pas comme ces gens qu'on ne voit jamais à l'église...

Comment faut-il prier, Seigneur? Ce n'est pas une question théorique et générale, c'est ma question. Mes difficultés sont réelles et se répètent sans arrêt. Et je me demande: à quoi sert la prière? Écoutes-tu seulement? Comment te déprends-tu dans cet immense et interminable verbiage en toutes langues qui monte vers toi?

J'ai besoin de la prière! Elle est le langage de la relation que tu nous demandes de vivre avec toi. Toute relation a besoin de paroles et de silences, de demandes et d'action de grâces, de regrets et d'exultation joyeuse, de pleurs et de tendresse. N'est-ce pas tout ce que tu nous as enseigné dans le *Notre Père* qui est ta supplication incessante qui englobe la prière de toute l'humanité?

Il est vrai qu'il m'arrive de me complaire dans ma prière, de la savourer, d'admirer sa finesse et ses à-propos! Tu ne peux répondre à cette prière, car je n'ai parlé qu'à moi-même! Tu gardes silence alors. Tu me laisses la fugitive complaisance dans la prière pour toute réponse. Car ce n'est pas la beauté et l'émotion de la prière qui te plaisent, mais l'humilité du cœur qui cherche ses mots, qui confesse sa peine de t'avoir perdu, qui te cherche dans sa solitude. Celui-là qui te prie dans le secret, souvent sans paroles, tu l'écoutes et tu l'exauces au-delà de tout ce qu'il pouvait espérer. Amen.

18

HEUREUX QUI SAIT L'ACCUEILLIR

Zachée, descends vite,
il me faut aujourd'hui demeurer dans ta maison.
(Luc 19, 5)

Si je m'étais trouvé au milieu de la foule qui t'entourait, ce jour-là, à Jéricho, et que je t'eusse entendu crier à Zachée que tu allais chez lui, qu'aurais-je dit? Qu'aurais-je pensé? Aurais-je partagé l'indifférence de ceux qui te regardaient passer et devaient se dire qu'après tout, tu devais demeurer quelque part et que Zachée avait une belle maison et assez de biens pour te recevoir avec ceux qui t'accompagnaient? Ou aurais-je plutôt ressenti l'exaspération des fidèles observateurs de la Loi croyant être témoins, une fois de plus, d'une de tes contradictions dangereuses: comment un homme de bien peut-il aller s'asseoir à la table d'un pécheur comme ce Zachée?

Si, aujourd'hui, tu t'invitais chez moi, serais-je disposé à te recevoir? Tu t'invites de bien des manières: en lançant cet appel intime à la foi quand tout va mal, en invitant à la prière, au recueillement en ta présence, à la fidélité à garder ta parole, en aidant à refuser cette tentation qui semble insignifiante mais qui entraînera une suite interminable de compromissions et d'équivoques.

Donne-moi la grâce de tomber de ma branche et de me précipiter vers toi pour te conduire au secret de mon cœur, là où sont donnés les véritables acquiescements qui changent toute la vie.

Il ne s'agit pas de condescendance envers quelqu'un qui aurait bien préparé le passage de Jésus à Jéricho. Zachée n'y était pour rien. Comme ceux de sa confrérie, on ne l'avait pas invité au comité de réception. On ne s'était pas pressé pour lui faire une place le long du cortège d'accueil. Il avait été réduit à chercher un arbre pas trop haut, mais assez fort pour qu'il puisse y grimper et apercevoir, par-dessus la tête des badauds, Jésus passant dans la foule.

Arrivé à sa hauteur, Jésus s'arrête devant lui et lui crie qu'il s'invite chez lui dans les termes les plus pressants: «Aujourd'hui, il me faut demeurer dans ta maison.» Le coup porte — et plusieurs ressentent cette décision de Jésus comme une provocation, un petit scandale, un coup de tête d'un prophète en mal de publicité.

Il est possible que dans tout Jéricho, personne n'ait désiré voir Jésus autant que Zachée. Non par curiosité, mais pour trouver réponse à ce désir qu'il ne savait pas exprimer devant ces gens qui le méprisaient. Il savait bien que sa situation l'avait entraîné dans une manière de vivre laissant peu de place à la justice, au respect de la Loi, à la fidélité à Dieu. Mais comment en sortir? Qui lui montrerait la voie? Qui lui en donnerait la force? Avec tout ce qu'il avait entendu dire de Jésus, celui-ci possédait peut-être la réponse à son désir, mais lui permettrait-il seulement de l'approcher? L'écouterait-il? Lui répondrait-il?

La demande de Jésus a fait dégringoler Zachée de sa branche. Il vient à Jésus et, se tenant à ses côtés, l'entraîne vers sa maison. Une fois rendu, il donne des ordres pour que l'on prépare une grande fête et que tous ses copains soient invités.

Nous ne saurons jamais ce que Jésus et Zachée se sont dit pendant qu'on préparait la fête. Quand on relit la fin du récit de cette rencontre, on peut soupçonner que l'échange a dû être extraordinairement profond: Zachée a découvert que Dieu s'est invité chez lui comme un ami, et que cette amitié est fulgurante, qu'elle change complètement son cœur et qu'elle bouleversera toute sa vie. C'est dans l'émerveillement, le bonheur de voir Jésus assis à sa table, écoutant et répondant aux questions de ses amis, évoquant le Père et le Royaume, invitant à la conversion, qu'il prend les grandes décisions qui vont répondre à l'amitié que Dieu lui offre en Jésus. Il exercera encore sa charge, mais selon la justice, il réparera les torts qu'il a causés, et surtout, il ouvre son cœur à une Présence amie qu'il ne voudra jamais perdre. Sait-il qu'il sera l'un des premiers à entrer dans le Royaume? Les collecteurs d'impôts et les prostituées précéderont ceux-là qui ont décidé dans leur cœur que Jésus se trompait et trompait Dieu en allant ainsi s'asseoir à la table d'un pécheur.

Semences...

Jésus vient toujours dans la vie, dans tel événement, dans un deuil, dans une réussite, dans une rencontre avec la misère, la souffrance, avec le vide fascinant, l'absence de Dieu. Il vient dans ce qui est alors demandé: la foi et l'espérance. C'est dans le regret de ses fautes et la demande de pardon, que sa venue est révélée.

Si on l'accueille, la vie est changée...

Seigneur, tu as expliqué la tournure que prit ta rencontre avec Zachée en affirmant, une fois encore, que tu es venu chercher et sauver ce qui était perdu.

Zachée savait qu'il était dans une situation sans issue. Personne ne pouvait l'arracher à son enfer. Il avait entendu parler de toi et cherchait à te voir sans y parvenir. C'est toi qui as surgi devant lui pour t'inviter chez lui.

Tu ne lui as fait aucun reproche ni tracé les grandes lignes d'une nouvelle vie. Tu t'es fait son ami. Devant l'amitié que tu lui offrais, il a tout quitté à sa façon pour te suivre: ses biens acquis aux dépens des pauvres, le climat d'exaction et d'injustice qui baignait sa vie.

Qu'est-il devenu ensuite? A-t-il perdu sa charge? A-t-il regretté sa conversion? A-t-il recommencé à vivre comme autrefois?

Je ne puis le croire. Il a dû rejoindre tous ceux et celles qui attendaient à la porte du Royaume, tout près, parce qu'il était devenu l'un des plus petits et des plus pauvres, à qui tu avais tout promis. Amen.

19

UN CŒUR DROIT

Vraiment, je vous le déclare:
cette veuve pauvre a mis plus que tous les autres.
Elle a pris de sa misère
pour mettre tout ce qu'elle avait pour vivre.
(Luc 21, 4-5)

Seigneur, je me présente aussi au Temple. Quelle est la part de ma vie que je t'apporte? N'ai-je l'habitude de ne prier que si j'ai du temps libre, du temps superflu que je ne sais à quoi occuper?

Il m'arrive aussi de souligner devant les autres le temps que je consacre à la prière, mes jours de bénévolat, les livres religieux que je lis, les conférences auxquelles j'assiste, les prédicateurs que je recherche.

J'affirme aussi mon intérêt pour les œuvres missionnaires, pour les débats entre théologiens, pour les «grands problèmes de l'Église»... et je souligne l'attention que je porte à ceux qui sont, selon mon dire, les véritables témoins de la foi qui préparent l'Église de demain.

Si je suis assez prétentieux pour penser que je verse ainsi de grandes sommes, grand apport à la préparation du Royaume, à la croissance du Corps Mystique, aie pitié de moi.

Je te prie humblement de m'aider à reconnaître ce superflu que je verse vaniteusement dans la vie de l'Église, qui ne contribue qu'à replâtrer des vides.

Jésus ne compare pas les sommes d'argent qui sont versées dans les troncs du Temple. Il guette plutôt la droiture du cœur qui inspire ces offrandes. On peut être très riche, avoir beaucoup reçu et donner beaucoup avec une générosité sincère, avec discrétion, le cœur reconnaissant pour toutes les bénédictions reçues de Dieu. On peut être pauvre, incapable de donner beaucoup, mais on peut faire un petit don avec amertume, ressentant comme une injustice l'exigence de Dieu.

Les grosses sommes ne font pas nécessairement les grands cœurs. Donner de son superflu, c'est se défaire de ce qui encombre et dont on ne sait quoi faire. Les petites sommes abandonnées avec une humble générosité sont plus précieuses aux yeux de Dieu qui les bénit, surtout quand on n'a pas hésité à donner ce qui était nécessaire à la vie de chaque jour...

Jésus attire l'attention sur le geste de la «veuve pauvre». Personne n'avait observé son geste discret. Toute la curiosité s'attardait aux gestes des riches qui faisaient sonner leurs pièces en les laissant lentement glisser dans les troncs. Il le fait pour souligner la dignité de cette femme, la générosité de son cœur, la pureté de sa foi. Veuve, elle est ce que l'on appelle «une personne seule», une «défavorisée» que l'on marginalise si la famille de son époux ou la sienne propre refuse de la recevoir. Elle n'a pas part à l'héritage, si héritage il y a, et elle est à la charge de ses enfants si elle en a et si ils sont en âge de travailler et de gagner quelque argent. Au moment de mourir, Jésus confiera sa mère à Jean afin qu'elle ne soit pas abandonnée, qu'il veille sur elle, lui assure un domicile et le pain quotidien lui épargnant la solitude et la misère.

Est-il futile de penser que cette «veuve pauvre» est au premier rang, avec les Marthe, Marie, Suzanne, Madeleine, Salomé qui suivaient Jésus et ses apôtres, les soutenant de leurs biens? Elles sont les premières de cette foule innombrable de femmes qui ont offert à l'Église et à la mission de Jésus le soutien d'une multitude de gestes discrets de partage, de consolation, de soin des malades, d'enseignement de la foi aux enfants, de dévouements de toute nature, de prière, de réconfort aux affligés, de sauvetages *in extremis*. Ces femmes ne puisent pas dans leur superflu mais dans leur quotidien, leur temps, leurs ressources, leurs forces, leur santé, leur repos, leur bonheur.

Cette pauvre veuve, dit Jésus, et ces femmes anonymes de tous les temps, ont mis plus que tous les autres dans le trésor de charité de l'Église, et cela leur sera rendu au centuple par l'amour de Dieu.

Semences...

Quelle est la part de ma vie que je consacre au service de Dieu, au service de mes frères et de mes sœurs?

Seigneur Jésus, je veux suivre ton regard qui observe discrètement le geste rapide de la «veuve pauvre» qui laisse glisser silencieusement ses deux petites pièces dans le tronc du trésor. Ton attention me dit qu'il existe une multitude de petits gestes, de petites initiatives de charité, de petits services, de petites occasions pour rendre service à ceux qui sont les petits d'entre tes frères et nous rappellent que ta Présence.

Tu ne demandes pas à tout le monde de participer à la réalisation d'œuvres imposantes. Mais tu veux que je manifeste ma solidarité dans la vie ordinaire: là où une main tendue, un sourire, un regard compatissant témoignent de ton amour qui sauve.

Je suis pauvre, même si je refuse de l'admettre. Je ne suis capable que de gestes humbles, sans éclat, inaperçus, dont personne ne parlera jamais mais qui seront gravés dans ton cœur, et deviendront louange, avec la tienne, à la gloire du Père. Amen.

20

LES SIGNES DES TEMPS

Restez éveillés et priez en tout temps
pour être jugés dignes
d'échapper à tous les événements à venir
et de vous tenir debout devant le Fils de l'homme.
(Luc 21, 36)

Seigneur, il m'est impossible d'oublier les tragédies et les épreuves de mon époque. Je les retrouve dans la prière que j'ose t'offrir. Elles m'atteignent. Elles m'effraient. Elles me désespèrent. Je suis tenté de croire que les hommes ne changeront jamais et qu'ils seront toujours une masse de barbares cruels, sans pitié.

Quand viendra le Royaume que tu nous as promis? Y a-t-il encore un sens à son attente? Faut-il toujours nous préparer à le recevoir alors qu'il semble s'éloigner dans un avenir tellement lointain qu'il s'y dissout?

«Veillez et priez.» En nous demandant cela, tu nous offres les moyens les plus mystérieux et les plus puissants de tenir dans les épreuves, de ne pas être écrasés par elles, de leur résister et de les vaincre. La prière libère l'espérance et ravive le désir de ta venue. Elle fait fléchir la fascination de la mort qui s'attaque à nous comme elle s'est attaquée à toi.

Veille sur nous quand nous nous tenons devant toi, implorant la force de ton Esprit.

Jésus n'a jamais fait de menaces gratuites, annoncé des malheurs imprécis, ou semé des inquiétudes funestes afin de se faire des partisans qui chercheraient auprès de lui de la protection. Il a invité souvent des disciples «à lire les signes des temps», à observer, à discerner, à prévoir et à se préparer.

Parmi ces signes des temps, il y avait la situation économique et politique de son pays sous domination romaine. Plusieurs mouvements populaires surgissaient, cherchant l'affrontement violent avec les Romains ou avec d'autres partis religieux. Il était prévisible que des événements douloureux se préparaient: guérillas, ruines, famines, massacre d'un grand nombre d'innocents. Ces événements allaient affecter la petite communauté qui se rassemblait en son nom et pouvaient la disperser irrémédiablement.

«Restez éveillés et priez en tout temps.» Tel était son mot d'ordre. Être attentifs aux événements qui se dessinent, les reconnaître, s'y préparer, et prier, non pas pour qu'ils ne se produisent pas. Ils ne viennent pas de Dieu mais de la volonté aveugle des hommes qui les provoquent de la façon la plus irresponsable. Priez pour obtenir de l'Esprit Saint la grâce de la fidélité dans la foi, du courage dans la souffrance, de l'espérance, du discernement des meilleurs partis à prendre, de la consolation dans les peines. Sans la force que l'Esprit apportera, vous ne tiendrez pas dans les épreuves qui s'annoncent.

Nous-mêmes ne sommes pas à l'abri des grandes épreuves et des tragédies interminables que connaît toujours l'humanité. Elles sont parfois si horribles qu'elles attaquent la foi, la confiance en Dieu, l'espérance du Royaume et la possibilité d'un salut pour les hommes. Il arrive même qu'elles soient dirigées contre les chrétiens. Il ne s'agit plus de cirque romain et de lions. Il s'agit de terrorisme, d'attaque armée, d'incendies, de dévastation des œuvres de bienfaisance, de campagnes d'opinion, de restriction de liberté dans l'exercice de la foi et de la prière.

Le mot d'ordre de Jésus est toujours actuel: restez éveillés et priez afin d'implorer la grâce de l'Esprit Saint qui vous affermira dans la paix et la confiance, qui vous consolera en vous rappelant les promesses de Jésus, qui éclairera votre esprit afin qu'il discerne les intentions du Père liées à cette épreuve.

Jésus souhaite que nous nous tenions debout devant lui quand il viendra. Attitude qui témoigne de la fidélité dans la foi, de l'attachement à sa personne, de la disponibilité à servir. Attitude qui est aussi une forme de résistance spirituelle à la folie collective qui veut tout entraîner dans un rejet ultime de Dieu.

Semences...

Quand ai-je vraiment prié pour obtenir la grâce de l'Esprit Saint, consolateur et vivificateur, dans les épreuves de ma vie personnelle?

Est-ce que ma prière tendait à changer mon cœur soumis à l'épreuve (un deuil, une perte d'emploi, une solitude injuste) ou à supplier pour que l'épreuve soit détournée?

Préserve-moi, Seigneur, de l'indifférence devant les génocides, devant les guerres, devant les innombrables visages de l'éternelle misère des peuples, devant l'inutilité des efforts pour nourrir les affamés, soigner convenablement les malades, devant les désastres naturels qui détruisent la vie de tant de gens, devant les horreurs des puissants qui sèment les bombes un peu partout, au hasard.

Préserve-moi de la colère et de la haine à l'adresse de certaines communautés, de certaines religions, de certains exploiteurs de la misère, de ceux qui accroissent leur luxe à même le dénuement des pauvres, des irresponsables qui provoquent des incendies, des inondations, des terroristes qui frappent à l'aveuglette.

Préserve-moi du découragement face à notre collective impuissance à prévoir, à partager, à apaiser, à nous reconnaître solidaires dans la vérité et le respect.

Garde-moi vigilant dans la prière, portant les souffrances et les morts affreuses devant tes bras ouverts sur la croix pour accueillir toutes les détresses des hommes. Donne-nous la patience d'attendre encore le jour de la Résurrection où nous recevrons l'immense et infinie consolation de notre Dieu qui aura vaincu la mort. Amen.

21

LA CÈNE DU SEIGNEUR

J'ai tellement désiré manger cette Pâque avec vous
avant de souffrir. Car je vous le déclare,
je ne la mangerai pas jusqu'à ce qu'elle soit accomplie
dans le Royaume de Dieu.

(Luc 22, 15-16)

Seigneur, trouverai-je, un jour, la véritable place de l'Eucharistie dans ma vie? Non pas celle d'une dévotion choisie parmi d'autres, qui me soit particulière, ni celle d'un rite officiel qu'on accompagne de musiques, de paroles, de mise en scène gestuelle et visuelle pour attirer une clientèle qui se raréfie. Mais celle d'un merveilleux don qu'il faut toujours recevoir avec une joie intime et humble, d'un Pain et d'un Vin qui sont une nourriture de vie éternelle, d'un Pain et d'un Vin qui font communier à ta propre Vie de Fils bien-aimé, tendu vers le Père, comblé de l'Esprit Saint qui sanctifie et vivifie.

Comme plusieurs de mes frères et de mes sœurs qui croient en toi, j'ai l'air affamé et mal nourri parce que je me prive de l'Eucharistie comme si elle n'avait qu'une importance très secondaire et n'était utile que pour les grandes célébrations collectives annuelles.

Donne-moi la grâce de m'asseoir avec les affamés pour qui tu multipliais le pain et le poisson, nourriture prophétique de celle qui sera servie à la table de ton Royaume.

Pierre et Jean lui avaient demandé: «Où veux-tu que nous mangions la Pâque?» Ce ne devait pas être la première fois qu'ils célébraient la Pâque avec toi. Car, même si tu te gardais du levain des pharisiens, du foisonnement des petites observances qui devaient exprimer la relation avec Dieu, tu demeurais attaché aux grandes célébrations festives qui rappelaient les interventions salvatrices du Seigneur dans l'histoire de ton peuple.

Jésus voulait donner un caractère très particulier à ce repas de Pâque. Il serait un repas d'adieu, le dernier qu'ils partageraient ensemble. Il ne s'agissait pas d'un repas mélancolique que prennent ensemble des amis qui savent qu'ils doivent se séparer, appelés à recommencer ailleurs leur vie, une tâche terminée ici, et oublier, s'ils le peuvent, les relations qui s'achèvent.

Cette Pâque sera un repas d'adieu parce qu'il y poserait le geste définitif qui remplacerait la Pâque ancienne et l'Alliance ancienne qui y étaient célébrées, par une Pâque nouvelle et une Alliance nouvelle et éternelle. Il était venu d'auprès du Père pour cette heure. Il en savait le prix. Il savait qu'au Temple, dans les milieux des sadducéens et des pharisiens, on préparait l'immolation d'un

Agneau, celui que les prophètes avaient entrevu et que Jean avait montré à ses disciples, celui qui ne serait plus le rappel d'un événement lointain qui n'intéressait qu'un petit peuple, mais celui dont l'immolation enlèverait les péchés du monde, mettrait fin à l'antique rupture.

Quand la résurrection témoignerait que son offrande avait été acceptée, les siens devraient refaire cette offrande en mémoire de lui, sous la même forme qu'il avait choisie: la consécration du pain et du vin, sacrements de son Corps et de son Sang.

Et comme des amis qui, au terme d'un repas d'adieu, se donnent un rendez-vous quelque part dans le futur, Jésus les convoque à la Pâque dernière: «Je vous le déclare, jamais plus je ne la mangerai jusqu'à ce qu'elle soit accomplie dans le Royaume de Dieu...», reprenant la traditionnelle image du festin messianique, du repas que Dieu préparera pour ceux qui auront cru, qui inaugurera le Royaume éternel à la fin des temps.

Cette Pâque est à la fois un adieu, célébration de l'Alliance nouvelle et éternelle, et aussi un rendez-vous, celui que décrit l'Apocalypse dans le rassemblement des élus devant l'Agneau immolé et victorieux. Il n'y a pas de rupture entre la Cène et la Pâque éternelle. Chaque célébration de l'Eucharistie rapproche de la Pâque éternelle. Elle est le mémorial de la Pâque du Seigneur et l'affirmation de la certitude de son retour.

Semences...

Prendre au repas du Seigneur...

C'est recevoir le pain rompu, le vin versé, en signe d'Alliance avec Lui, pour l'éternité, communier à sa Vie, pour toujours.

Seigneur Jésus, tu me redis au secret de mon cœur: j'ai désiré manger cette Pâque avec toi...

Je n'ai pas apporté à cette parole, à cause de la faiblesse de ma foi, l'attention que je devais: m'asseoir spirituellement à ta table pour recevoir le pain de la vie et la coupe du salut, le sacrement de la Nouvelle Alliance dont je devenais partie prenante par toi. Je ne me suis pas offert au Père pour la rémission des péchés de la multitude.

Pardonne-moi comme tu as pardonné aux foules curieuses qui te suivaient, aux disciples qui comparaient leurs mérites, aux indifférents qui t'ont regardé mourir sur la croix, à ceux qui ont ri quand tu évoquais ta résurrection.

À tous, tu offrais la vie, ta Vie. En venant m'asseoir à ta table, chaque jour, je veux tendre les mains vers le pain et la coupe que tu m'offres pour me faire communier à toi, maintenant et toujours. Amen.

22

AIMER C'EST DONNER

Moi, je suis au milieu de vous à la place de celui qui sert.
(Luc 22, 27)

Chaque fois que tu m'invites à ta table, Seigneur, je suis surpris d'y rencontrer des gens que je ne fréquente pas d'ordinaire: des percepteurs d'impôts, des pêcheurs qui sentent la marée, des intellectuels qui ergotent sur des points de la Loi, de braves gens simples et bons avec leurs enfants, et les apôtres qui ne sont pas parvenus à s'entendre sur leurs mérites respectifs.

Toi, tu passes entre nous et nous sers. Tu es celui qui sert. Tu ne joues pas au cuisinier du dimanche qui fait griller des steaks sur son barbecue. Tu es le maître, et tu nous sers comme un serviteur ordinaire, du pain, du poisson, du vin, tout ce qui évoque la vie, car tu es venu donner la vie, et la donner en abondance.

Tu nous sers avec amitié, avec attention, parce que nous sommes, malgré nos inconvenances, ceux et celles pour lesquels tu as payé le prix fort: la Passion! Tu nous as rachetés et ton bonheur, c'est de nous voir réunis à ta table, apprenant à nous réjouir de la joie du Royaume. À nous aussi, tu assures que nous ne sommes plus des serviteurs mais des amis.

Béni sois-tu, toi qui es notre vie et notre joie.

C'était le repas d'adieu. Une épreuve décisive est imminente et les apôtres ne semblent pas le pressentir malgré les tensions que les dernières apparitions de Jésus au Temple ont fait naître. Dans leur for intérieur, ils sont encore convaincus que Jésus a choisi le contexte de la fête de la Pâque pour restaurer le royaume d'Israël dans lequel ils joueront un rôle important. Chacun veut occuper la plus haute charge. Ils se comparent. Ils contestent les mérites des uns et des autres. Ils se querellent sur celui d'entre eux qui serait le plus grand.

Jésus doit intervenir. Il rappelle un enseignement qu'il leur a souvent expliqué et qui exprime l'esprit qui est le sien. Que le plus grand d'entre vous prenne la place du plus jeune, et celui qui commande, la place de celui qui sert. Doit-il leur rappeler encore une fois qu'il n'est pas venu dans l'espoir d'acquérir la gloire des hommes avec la puissance et l'autorité qui peuvent l'accompagner? Il faut laisser ce souci aux rois des nations et aux seigneurs qui se font appeler bienfaiteurs. «Pour vous rien de tel!»

S'il refuse d'entrer dans le jeu perpétuel des ambitions des hommes et de leur recherche continuelle de gloire et de puissance, qu'est-il venu faire parmi eux? Quel est son dessein? Quel royaume veut-il établir?

Il s'explique en des mots mystérieux: «Je suis au milieu de vous à la place de celui qui sert.» Cela résume et rappelle ce que fut son attitude tout au long des mois vécus ensemble: il a été comme un serviteur qui témoignait d'une œuvre qui lui avait été confiée par un autre, son Père. Il inaugurait un Royaume nouveau en guérissant les malades, pardonnant aux pécheurs, cherchant comme un pasteur les petits et les humbles de cœur, abandonnés par les puissants, entièrement attentif à la volonté divine qui le guidait.

Ses mots évoquaient une autre réalité qui l'habitait: il n'était pas seulement un saint prophète. Il était le Serviteur de Dieu qui irait jusqu'au bout des exigences de l'amour qui inspire son service, qui offrirait sa vie pour accomplir par la souffrance le dessein du Seigneur Dieu: justifier les pécheurs de toutes les nations, et entrer dans la gloire, celle que le Père lui avait déjà attribuée, et y introduire son peuple en passant par la mort sur la croix.

C'était une parole définitive, éternelle. Au milieu de l'humanité entière, de toutes les générations humaines, élevé sur la croix, Jésus est le Serviteur, Celui qui sauve ses frères en donnant sa vie pour la rédemption de la multitude des pécheurs. Il faudra toute la suite des siècles pour que l'humanité comprenne et accepte la parole de Jésus. Mais elle ne sera jamais oubliée. Elle sera le dernier cri d'espoir de l'humanité.

Quel est le visage du Christ qui m'attire le plus, qui me fascine, me touche, me bouleverse?

Quel visage je donnerais au Serviteur de Dieu? Celui du linceul de Turin... ou celui de mon calendrier?

Moi aussi, Seigneur Jésus, je me surprends à calculer mes mérites, à les comparer avec ceux d'autres personnes, à penser que je mérite une place de choix dans ton Église et aussi dans ton Royaume.

Tu me rappelles la vraie attitude évangélique: ne pas imposer son autorité à tout le monde, ne pas se croire le ou la propriétaire des initiatives de l'Esprit, ne pas rechercher les louanges et les félicitations que l'on réserve aux bienfaiteurs. «Pour vous rien de tel.»

Soyez serviteurs les uns des autres. Donnez de vous-mêmes par amour, parce que vous-mêmes vous aurez connu l'amour de Dieu pour vous. Aimer, c'est donner de sa vie à celui qui en a besoin pour vivre.

Je reprends tes paroles et j'en fais ma prière. C'est ainsi que je voudrais être, à ton exemple. Change mon cœur afin qu'il s'efforce humblement de t'imiter. Amen.

23

AU JARDIN DES OLIVIERS

Quand, après cette prière, il se releva
et vint vers les disciples,
il les trouva endormis de tristesse.
(Luc 22, 45)

Seigneur, comme les apôtres au jardin, je suis douloureusement attristé de l'immense indifférence qui entoure ta personne. Comme eux, je m'abandonne à penser que si tu avais pris d'assaut le Temple, à la tête de milliers de légions d'anges, on n'aurait cessé de rappeler cet événement, de l'analyser, d'en tirer toutes les conséquences possibles, et de le célébrer avec le plus grand éclat.

Mais, qui célébrera l'agonie d'une personne? On s'en écarte, on ne sait que faire. On attend qu'elle s'achève. On ressent une vague tristesse. La vie est si brève, n'est-ce pas? Il est heureux qu'elle n'ait pas beaucoup souffert.

Tu as voulu conserver cette heure comme un secret entre le Père, toi et l'Esprit. Aux apôtres, pas à tous, mais à ceux qui avaient contemplé ta gloire, tu as seulement demandé de veiller afin de ne pas se laisser surprendre par la présence mauvaise qui rôdait autour du jardin, et de prier, de demeurer en communion avec toi dans la prière.

Une tristesse indéfinissable les a envahis et les a séparés de toi par le sommeil: ils se sont «endormis de tristesse».

Que ta grâce m'attache toujours à toi, qu'elle me garde éveillé et priant, entrant ainsi dans le mystère de ta Passion, mystère de l'amour qui sauve le monde.

Tristesse des apôtres. Les derniers jours avaient été très difficiles. L'opposition à Jésus, venue des milieux pharisiens et sadducéens, se durcissait, rendant pratiquement impossibles un ralliement général autour de Jésus et la restauration du Royaume d'Israël. Les discours de Jésus les avaient étonnés: il semblait écarter toute idée de royauté terrestre. Il avait fait des mises au point serrées qu'ils s'expliquaient mal.

Le repas de la Pâque avait été triste comme un repas d'adieu. Il y avait eu des dissensions entre eux et Judas avait quitté la table sans s'expliquer.

Jésus avait évoqué des choses étonnantes, nouvelles, qu'ils ne comprenaient pas et il avait ordonné de faire mémoire de lui par un certain rite, assez banal, auquel il semblait tenir beaucoup.

Puis, il les avait menés en ce jardin. Lui qui avait toujours été un homme de paix et de joie, fort et audacieux, s'était affaissé dans une tristesse incompréhensible, qu'il exprimait dans des paroles jamais prononcées auparavant.

Ils étaient là, attendant quelque chose dont ils ignoraient tout, et à la fin, lassés, ils s'étaient endormis de tristesse.

Tristesse de Jésus. Jésus était venu au rendez-vous avec le Prince de l'Ombre, l'Adversaire, qui allait déployer toutes les ressources de la haine pour le réduire à la mort, cherchant en cela à atteindre Dieu, à mettre enfin Dieu à mort.

Telle était l'Heure mystérieuse choisie par le Père. Il avait ouvert son cœur à l'immense tristesse des hommes devant la violence, la haine, la mort, devant leur impuissance à s'en libérer, car la cause en était leurs péchés, la rupture avec Dieu, le repliement mortel sur leur propre insuffisance.

Il savait qu'il devrait affronter seul la mort amère, imposée par des hommes acharnés à le détruire, offrant au Père l'amour de ses frères qui lui donnaient la mort, ne voulant pas se séparer de ceux qui le clouaient sur la croix, et de ceux qui regardaient indifférents, et offrant au Père l'obéissance qu'ils étaient incapables d'offrir.

La nuit vint. Le Père se tut. Jésus entendait déjà les rires des hommes, échos de l'autre rire! Il était seul et les hommes ignoreront toujours jusqu'à quel point il fut seul en cette nuit, jusqu'à quel point ils ont été aimés.

Semences...

Quand ai-je lu avec attention un des récits de la Passion de Jésus, non par curiosité, mais comme le témoignage de la mort de Celui qui m'aime plus que tout et qui a assumé sa mort sur la croix pour que j'aie la Vie, et qu'elle soit éternelle?

Seigneur, je redoute ces heures sombres, imprécises, où il n'existe que l'attente, et où l'on ne sait pas bien ce que l'on attend.

Je redoute ces heures de ténèbres intimes dans lesquelles tout défaille en moi, où la joie s'éteint, où la paix s'évanouit, où la tristesse commence à contaminer mon cœur et efface le souvenir de ta présence, de la grâce de ton Nom.

Parfois, je descends au jardin assombri de ton agonie. Je te cherche. Où es-tu? Pourquoi ne réponds-tu pas?

Tu as voulu que nous te suivions en toutes les heures de ta vie sur les routes ensoleillées, dans les champs fleuris, sur le rivage paisible du lac, comme dans les heures de conversation paisible, le soir, dans les petites maisons où tu étais accueilli. Et aussi au jardin des ténèbres, au chemin de la croix, sur la route d'Emmaüs et triant les poissons que tu feras cuire en ce petit matin au bord du lac.

Quand la tristesse m'accable, je suis encore avec toi. Tu es encore avec moi. Tu ne m'as pas quitté. Tu reviens toujours pour me demander de prier avec toi. Amen.

24

POURQUOI CES COUPS ET CES INSULTES?

Les hommes qui gardaient Jésus
se moquaient et le battaient.
Ils lui avaient voilé le visage et lui demandaient:
Fais le prophète! Qui est-ce donc qui t'a frappé?
(Luc 22, 63-64)

Je n'emploierai pas le langage fleuri des siècles passés pour te prier, Seigneur, et le moins possible la langue de bois des écrits spirituels de mon époque.

Les injures qu'on ne cesse de t'adresser et que j'entends chaque jour autour de moi, me blessent et m'attristent. La mode entraîne à parler le plus injurieusement possible des hommes et des femmes qui croient nous gouverner et nous imposer leur vision politique.

Mais toi, tu n'as jamais proféré d'injure, n'as jamais intenté de procès d'intention. Quoique tu aies dénoncé les préceptes de certains pharisiens, tu as toujours respecté la personne qui s'adressait à toi, fût-elle prostituée, collecteur d'impôts, païenne, ou vieux monsieur docteur en théologie légèrement sceptique, sans oublier les enfants. Toutes tes paroles étaient imprégnées d'amour et d'espoir.

Pourquoi fus-tu si haineusement insulté? Pourquoi a-t-on bêtement caricaturé le Verbe que tu es et qui avait parlé par les prophètes?

Peut-être parce que l'antique mensonge du début du monde que Dieu n'était pas l'amour, subsistait tristement au fond des cœurs?

Par ton silence, tu as répondu que Dieu est Amour.

Jésus a été arrêté. Ceux qui l'ont fait arrêter savent qu'il ne s'en sortira pas, qu'il faudra pousser cette affaire jusqu'au bout. On ne peut le libérer. Les autorités romaines n'aiment pas être compromises dans une affaire de la sorte et elles le sont, comme le Grand Prêtre du Temple, comme certains éléments de l'élite intellectuelle et religieuse. Ce qui importe, c'est de trouver un moyen d'achever cette affaire rapidement sans que la populace ait le temps de changer d'opinion et de réagir.

Les gardes ont compris que ce Jésus, dont on dit qu'il est «prophète», ou «devin» ou «augure», est déjà condamné dans l'esprit de leurs supérieurs. À quoi peut bien servir un condamné? À s'amuser un peu, à se venger sur lui du sale travail qu'on leur fait faire. Pourquoi pas s'amuser de lui? inventer un jeu sordide? le rosser et le mettre au défi de deviner qui l'a frappé?

Jésus ne se comporte pas comme un pauvre type mis sous arrêt pour avoir chapardé, qui aurait hurlé de peur et de douleur, vociférant des insultes dans l'espoir d'apaiser ses tortionnaires. Il se tait. Son silence énerve et enrage. Les coups se multiplient et les insultes jaillissent sans arrêt, plus vicieuses, plus haineuses les unes que les autres, comme si l'Adversaire caché dans l'ombre avait trouvé des bouches par lesquelles il pouvait déverser la haine de Jésus qui le torture.

Pourquoi répète-t-on sans cesse, hier comme aujourd'hui, cette mise en scène de l'injure? Pourquoi cet acharnement à nier que Jésus fut celui «en qui nous sommes prédestinés à être fils adoptifs de Dieu, comblés de la grâce, délivrés par son sang, nos fautes étant pardonnées selon la richesse de sa grâce» (Paul aux Éphésiens).

Au cœur de cet interminable procès fait à Jésus depuis des siècles, on ne fait que répéter les mêmes arguments qui ne sont que des refus de croire en lui, et des tentatives de justifier ces refus par l'exhibition d'un homme silencieux, insulté par des soldats grotesques.

Mais ce silence est un appel tellement intense et passionné, que les cœurs droits l'entendent et s'émeuvent. Ils viennent à lui, reconnaissant en lui le Serviteur de Dieu qui donne sa vie pour sauver ses frères.

Semences...

Les insultes n'ont cessé de monter vers le visage du Christ. J'ai dû parfois y mêler quelques-unes des miennes. Aux insultes des gardes ont succédé celles des livres, des films, des caricatures, des études historiques biaisées, celles du langage courant...

Seigneur Jésus, il dut y avoir une petite foule amusée par le jeu des coups et des insultes qu'on te servait. Personne n'a jugé bon d'intervenir. Que pouvait-on y faire? On courait le risque d'être injurié par les soldats, et même de recevoir quelques coups de fouet, histoire de ne pas s'encombrer de témoins gênants avant le procès.

Dans ce moment de prière et de réflexion où je revis cette scène inoubliable, je veux me glisser jusqu'à toi, le plus près possible, et t'offrir, en mes mots, ma foi en toi, l'espérance que tu as fait naître en moi, et même l'amour que je ressens pour toi, même si je le sais pauvre et hésitant, pour que la haine et les insultes ne soient pas les seuls cris que tu entendes.

Et je veux confier à ta tendresse, ces visages d'hommes et de femmes à qui on fait toujours subir le même sort, parce qu'ils reprennent tes paroles et défendent ce que tu nous as demandé de faire en ton nom.

Console les pauvres, les oubliés, les démolis par la torture, les réduits à l'esclavage, ceux qui attendent que la mort vienne les délivrer de leurs tortionnaires. Fais resplendir sur eux la beauté de ton visage, pour qu'ils se rappellent quelle image ils portent en eux. Amen.

25

UNE FOULE, UN BANDIT, UN CONDAMNÉ

Pilate décida que leur demande serait satisfaite.
Il relâcha celui qui avait été jeté en prison
pour émeute et meurtre, celui qu'ils demandaient.
Quant à Jésus il le livra à leur volonté.

(Luc 23, 24-25)

Seigneur, je veux me mêler à la foule, regarder, écouter, espérer qu'un souffle de justice chasse cette malice ténébreuse. Je ne comprends pas pourquoi on s'acharnait à réclamer ta mort, pas plus qu'aujourd'hui je ne comprends ces mouvements d'opinion qui réclament l'effacement total de ton Nom et de tes paroles de la mémoire des hommes.

Il ne convient plus de parler de toi, de croire en toi, de suivre tes exemples, de vénérer les grands événements de ta vie, de ta mort et de ta résurrection.

On exalte plutôt ceux qui racontent comment ils se sont libérés de ton souvenir et qui travaillent à l'effacer de la mémoire populaire, qui ridiculisent ce qu'ils ont reçu de toi.

Barabbas était bien content... mais il n'a jamais compris pourquoi de plus en plus d'hommes et de femmes continuaient à parler de toi, à croire en toi et à t'aimer.

La Passion de Jésus peut être comptée parmi les faits divers attristants que charrie l'histoire, acceptable dans le contexte des mœurs de l'époque et dans l'état de rigidité de la Justice romaine toujours disposée à résoudre les litiges par des châtiments expéditifs.

En vérité, la Passion de Jésus jette une lumière brutale sur le jeu des intérêts, des alliances factuelles, et sur l'art d'éviter toute responsabilité dans une affaire qui se présente mal. Elle fut accomplie dans un climat de mensonges, de cruauté, de haines implacables, d'insensibilité à la souffrance imposée.

Pourquoi Jésus doit-il mourir et être éradiqué de la conscience et de la mémoire de tout un peuple? Objectivement, aucun des arguments qu'on avança pour le faire condamner, ne tient. Pilate le constate immédiatement et cherchera à se débarrasser de cette affaire qui peut porter atteinte au prestige de Rome. Les prêtres et les pharisiens le savent aussi. Mais ils ne peuvent reculer, car ils perdraient de leur emprise sur les foules et de la vénération dont on les entoure.

Surgit alors Barabbas, sorte de terroriste et malfaiteur, arrêté par la police romaine et promis à une exécution prochaine. Des complices, des sympathisants ont compris que l'affaire Jésus était l'occasion rêvée d'obtenir sa libération en échange de la condamnation de Jésus. Quelques personnages forts en gueule, bien placés dans la foule, pouvaient entraîner rapidement le plus grand nombre à hurler avec eux. Ce n'était pas que Barabbas fût sympathique aux manifestants rassemblés devant le palais de Pilate, mais il s'offrait une occasion excellente de conspuer les Romains et d'embarrasser leur administration.

Un jeu complexe d'alliances et d'intérêts inavoués se déroule alors. Personne n'est vraiment sympathique à Barabbas, surtout chez les prêtres et les pharisiens. La foule impose sa présence en réclamant la condamnation de Jésus et la libération de Barabbas, alors que le devoir de Pilate est de libérer Jésus et de condamner Barabbas.

Les prêtres s'associent à la foule afin d'assurer la condamnation de Jésus. Pilate commence à comprendre que s'il libère Barabbas, il fait retomber sur la foule la responsabilité de la condamnation de Jésus, car c'est elle qui l'aura choisie. En même temps, il se retire adroitement du piège tendu par les prêtres qui l'accusent de ne pas être l'ami de César. Il leur renvoie la responsabilité d'avoir exigé la libération d'un terroriste, ennemi du Régime. Ils ne pourront plus prétendre être des alliés et des amis de César.

Jésus mourra à la place d'un autre. Il mourra à la place de l'humanité pécheresse. C'est la signification infiniment profonde de porter sur la croix et dans la mort les conséquences des péchés, de Barabbas, des prêtres, des pharisiens et de la foule qui réclame sa mort, et derrière elle, de l'humanité innombrable, condamnée par l'horreur des péchés.

Qu'est devenu Barabbas, après sa libération? La mort de Jésus lui offrait la possibilité d'un changement, d'un renouveau. A-t-il continué sa vie d'émeutier et de meurtrier? A-t-il parfois pensé à celui qu'on avait crucifié à sa place?

Semences...

D'une certaine façon... nous sommes tous des complices plus ou moins avoués de ceux qui ont réclamé la libération de Barabbas... Chaque fois que nous échangeons la foi, la fidélité au Christ pour ce qui engraisse notre orgueil, favorise nos injustices, entoure de silence nos débordements charnels de toute nature...

Seigneur Jésus, qu'aurais-je fait au soir de ta mort, au retour de cette journée affreuse? En la relisant, j'éprouve encore une impression d'impuissance à laquelle sont réduits le bien, la vérité, la justice, devant les menées subtiles où chacun cherche à défendre son mensonge, sa trahison, son intérêt personnel.

Je lis en moi ces mêmes menées discrètes pour me soustraire à la fidélité, composer avec l'ambiguïté, marchander au rabais la souffrance qui vient, éviter de me prononcer trop clairement à ton sujet, et oublier ma croix quelque part.

Prends pitié de nous tous. Rectifie ce qui est faussé en nous, redresse ce qui est devenu tordu. Apaise nos fièvres malsaines qui nous font réclamer ta mort sans comprendre ce qui nous emporte dans des abîmes d'orgueil et d'ingratitude. Amen.

26

JE CROIS QUE TU M'AIMES

Jésus poussa un grand cri, il dit:
Père, entre tes mains, je remets mon esprit!
et sur ces mots il expira.
(Luc 23, 46)

Seigneur Jésus, j'entends encore ton cri. Je l'entends et je ne sais comment. Quand je relis ce passage, il résonne en moi. Il n'a pas faibli, mais si peu le perçoivent à travers l'énorme et incessant vacarme de la vie aujourd'hui.

Je ne suis pas plus digne qu'eux tous de l'entendre, car j'ajoute souvent au fond sonore, au bruit incessant de la vie. Pourquoi moi? Je crois que tu m'aimes. Et ton cri m'appelle à toi, à venir près de la croix et auprès de la croix, boire à la Vie, recevoir l'Esprit de ton Père et de toi que tu donnes pour que nous montions vers le Père avec toi.

Je remets mon pauvre esprit entre tes mains pour que tu le portes au Père, avec mes désirs, même incertains, mes trop brefs moments de charité, mes trop lents actes de foi, d'espérance incertaine.

Au jour de ma mort, je t'en prie, répète-moi ce que tu as dit à celui qui mourut près de toi: «Aujourd'hui, viens avec moi au Paradis.»

Pour Jésus, le moment de sa mort est celui de l'achèvement ultime de l'incarnation. Le Verbe s'est fait semblable à nous en toute chose, hormis le péché, et il affronte la mort comme tout autre humain. Mais sa mort, au contraire de la nôtre, n'est pas un échec, l'arrachement de la vie, la destruction de toutes ses relations et de toutes ses œuvres. Sa mort est Vie donnée, offrande, oblation pour ses frères. Elle est aussi le moment de son obéissance absolue au dessein du Père, l'obéissance du Nouvel Adam qui remplace la désobéissance du Premier Adam. Elle est le moment où il accueille sur lui les conséquences du péché, surtout la plus tragique: celle de la mort. Elle est le moment du plus grand amour où prenant sur lui les conséquences du péché de ses frères, il les en libère et leur donne accès à la résurrection.

Jésus meurt en remettant au Père son Esprit. Il proclame ainsi à la face de tous ceux qui l'ont fait crucifier, qu'il est bien le Fils du Béni, qu'il existe une communion infinie entre le Père, son Père, lui et l'Esprit, communion qui est la vie même de la Trinité. Les hommes qui meurent, selon l'Écriture, abandonnent à Dieu, qui le leur réclame, le souffle de vie qu'ils ont reçu. Jésus donne au Père son Esprit, dans l'acte du suprême amour de la vie trinitaire, y faisant participer son humanité en plénitude, afin que nous qui sommes ses frères puissions y participer un jour. Et il fait ce don avec les paroles les plus sublimes du Psaume 31 qui semble avoir été sa prière sur la croix: «Tire-moi du filet qu'on m'a tendu, car c'est toi ma force, en tes mains je remets mon esprit, car c'est toi qui me rachètes.»

Pourquoi Jésus a-t-il crié à l'instant de sa mort? Un crucifié ne pouvait crier au moment de mourir. Les bras, peu à peu, étaient entraînés par le corps et les genoux fléchissaient. La mort venait par asphyxie et s'accompagnait de la tétanie des muscles.

Les auteurs de l'Écriture évoquent en de nombreux endroits les cris de Dieu. Dieu crie pour avertir les siens, pour témoigner de sa colère, de son amour blessé, trahi, de l'espoir que son peuple revienne à lui. D'autre part, le peuple crie aussi vers Dieu sa prière, surtout quand sa détresse est insupportable, quand sa joie est immense, quand il regrette ses péchés, quand Dieu est silencieux et semble avoir oublié son peuple.

Le cri de Jésus n'est-il pas le cri de Dieu qui appelle toute l'humanité à venir s'abreuver à la fontaine du salut qui sera symboliquement ouverte par le coup de lance porté au cœur de Jésus? Son cri n'est-il pas aussi le cri de ses frères les hommes vers le Père pour qu'il leur pardonne et les accueille dans son Royaume?

Dans l'Écriture, quand Dieu crie, il souhaite que l'on prête attention à ce qu'il fait en ce moment. Le cri de Dieu veut nous tirer de notre indifférence devant la mort de Jésus.

Semences...

Le cri de Jésus mourant sur la croix est l'appel à aller le retrouver afin de recevoir en nous la grâce de la réconciliation et le don d'une vie nouvelle qui est communion à celle que Jésus ressuscité reçoit du Père dans l'Esprit.

Seigneur Jésus, je veux me tenir le plus près possible de ta croix sur laquelle tu meurs. Nous sommes peu nombreux. Je vois Marie, ta mère, et près d'elle, Jean. Ils ne pleurent pas. Ils regardent et dans ce regard c'est l'amour qui les brûle qu'ils voudraient t'offrir, car ils ont compris que la seule réponse à la croix, c'est l'amour.

Je vois aussi ces femmes qui t'avaient suivi dans les heures importantes de ta mission. Alors que la fidélité d'une foule d'autres s'est obscurcie, la leur se purifie dans la contemplation de la croix. Sans le savoir maintenant, elles se préparent au choc de la Résurrection et à la reprise de ta mission sous la conduite de l'Esprit.

Et il y a le vide, derrière elles. Les soldats regardent ailleurs, ennuyés. C'est toujours la même chose que ces crucifiements! Aujourd'hui, il me semble que ce vide s'est considérablement agrandi. Non seulement la foule est retournée chez elle, à ses affaires, mais tes disciples ne parlent plus guère de ces jours, ni de cette heure, ni de ta mort, comme si elle n'avait été qu'un malencontreux événement sur lequel il ne faut pas insister.

Je veux demeurer dans l'espace créé par ce vide... attendant. Peut-être viendra-t-on m'y rejoindre. Et, ensemble nous nous approcherons de ta croix pour entendre ton cri. Amen.

27

TU ES VIVANT!

Pourquoi cherchez-vous le vivant parmi les morts?
(Luc 24, 5)

Il est vrai, Seigneur, que je te cherche dans l'obituaire des livres, des images, des paroles des autres qui croient se souvenir de toi. J'en arrive à parler de toi comme d'un mort qui nous a laissé un bel héritage mais qui a disparu dans un lointain sans relief, sans couleur. Je n'ose croire que tu es vivant ailleurs que dans notre mémoire collective ou dans nos traditions. Tu es vivant, au milieu de nous, au milieu de notre génération, comme tu le fus avec celles qui nous ont précédés, et comme tu le seras avec celles qui nous suivront. Il ne s'agit pas de temps ou d'espace mais de l'influence discrète que tu exerces sur nous, en nous pardonnant, en nous sanctifiant, en préparant avec les matériaux de notre vie, le retour vers le Père avec toi.

Alors que la mort enferme dans l'impuissance, ta présence fait naître toutes sortes de renouveaux, d'initiatives, d'audaces qui portent des fruits de charité qui sont ta victoire sur le monde.

Donne-moi de te chercher là où ta Vie resplendit, dans la Source d'eau vive à laquelle tu convies tes frères et tes sœurs à venir s'abreuver.

On est toujours étonné de l'importance que les anciennes cultures qui ont précédé Jésus ou lui furent contemporaines, accordaient aux défunts. On retrouve partout de merveilleux mausolées élevés à la gloire des défunts: en Égypte, à Rome, en Chine, en Inde, en Amérique et même dans les grandes plaines à l'est de l'Oural.

Que devenaient les morts? Personne ne le savait. On imaginait qu'ils entraient dans une dimension de la réalité étrange, diminuée, menaçante. Il convenait de les apaiser par des célébrations qui leur donneraient l'impression qu'ils participaient encore au monde des vivants... pour un temps du moins, jusqu'à ce que leur souvenir, comme leurs os, s'efface de la mémoire des hommes.

Les femmes qui avaient suivi Jésus et avaient été témoins de sa mort, quoique encore totalement désemparées par la rapidité et la violence de sa Passion, croyaient qu'il convenait d'amorcer ce qui pourrait devenir le culte de Jésus, conserver sa mémoire dans le cœur des hommes, pour un temps du moins, le temps d'un deuil qui se prolongera pendant des années.

Elles sont saisies, à cet instant même, par une parole divine, péremptoire, confiée à des anges (êtres vivants auprès de Dieu, éternellement vivants): «Pourquoi cherchez-vous le vivant parmi les morts?»

C'était une solennelle proclamation qui sera reprise sans cesse par tous les disciples de Jésus: Le Christ est le vivant! Il n'a pas échappé à la mort comme on échappe à une maladie ou à des blessures, retardant momentanément le rendez-vous obligatoire avec la mort. Il est vivant, ayant quitté définitivement le monde des morts par la puissance de l'Esprit de Dieu qui l'a ressuscité. Il n'y retournera jamais. Sa sainte humanité partage la gloire de Dieu pour l'éternité. Il est vivant comme Dieu est vivant!

Cherchez-vous encore le Christ parmi les morts? Nous croyons qu'il est ressuscité, mais nous pensons qu'il est ailleurs, un «quelque-part» dont nous ignorons tout, et nous croyons qu'il n'intervient que rarement et d'une façon toute symbolique dans l'histoire des hommes d'aujourd'hui. Nous constatons que son souvenir s'efface lentement dans la mémoire des hommes comme celui des grands héros des temps lointains. Sans y penser, nous lui rendons un culte funéraire!

Cherchez le Vivant parmi les vivants! dit l'ange. Cherchez-le dans la charité de ceux et celles qui consacrent leur vie pour leurs frères et sœurs. Cherchez-le dans les innombrables efforts de justice, de réconciliation, de paix, de pardon. Cherchez-le chez les priants qui se tiennent avec lui, jour et nuit, intercédant auprès de Dieu. Cherchez-le dans les familles où il est l'hôte reçu à table. Cherchez-le dans l'humble patience des aînés qui attendent sa venue. Cherchez-le dans les communautés rassemblées en son nom, qui vivent de sa Parole et de son amour. Cherchez-le dans les immenses rassemblements de chrétiens qui le célèbrent partout dans le monde avec une allégresse toujours renouvelée.

Semences...

Quand ai-je rencontré Jésus pour la dernière fois? Dans une communauté qui priait? Auprès d'un malade oublié? Dans le regard d'un sans-domicile qui errait dans la rue? Dans la Parole qui se rappelait en moi? Dans l'Eucharistie où il s'est donné comme Pain de ma vie?

La mort me cerne, Seigneur. J'apprends le décès de parents, d'amis de toujours. Le bilan des accidents mortels sur les routes est scrupuleusement catalogué chaque semaine, et le dénombrement des victimes des cataclysmes ne «cesse de s'alourdir», annonce-t-on avec une certaine jouissance.

Où es-tu, Seigneur Jésus? Perdu dans la foule innombrable des défunts qui ne laissent derrière eux qu'un nom indéchiffrable, des objets inutiles ou des œuvres inachevées?

Tu te détaches comme une lumière éblouissante de la masse grise des morts. Tu viens à nous en criant que la mort ne sera pas victorieuse, que tu donneras bientôt une vie nouvelle et éternelle à ceux qui gisent dans l'ombre comme des morts sans nom et oubliés.

Tu es vivant! Tu es le Vivant! Non pas une idole de pierre! Laisse-moi me prosterner devant la beauté de ton Être de lumière, ouvrir mon cœur à la joie infinie de l'amour qui fait jaillir la vie en moi. Amen.

28

TÉMOINS DE LA RÉSURRECTION

Commençant par Moïse et par tous les prophètes,
il leur expliqua dans toutes les Écritures,
ce qui le concernait.
(Luc 24, 27)

Non! Je ne veux pas te quitter, Seigneur. J'ai seulement besoin de prendre un peu de distance: le temps de réfléchir, de retrouver mes assises, mes convictions... peut-être de définir une nouvelle relation avec toi, dans laquelle il y aurait moins d'espoirs naïfs de te voir réussir ta mission, une attitude plus réaliste face aux possibilités et aux réussites probables...

Mais, ce qui ne manque pas de se produire, c'est que tu me rejoins sans que je te reconnaisse, que tu marches avec moi, sans te presser, prenant tout le temps qu'il faut pour m'expliquer ce que je croyais comprendre, mais que je n'avais pas accepté.

Reste avec moi, Seigneur, même si la journée fut longue et n'est pas encore près de s'achever. J'ai besoin de cette heure du soir, consacrée à l'amitié avec toi...

Nous sommes tous des disciples d'Emmaüs. Tout en ne cessant pas d'admirer Jésus et d'avoir une certaine amitié pour lui, nous le quittons au petit matin, par une route isolée, blessés de tristesse.

Notre rêve n'était pas qu'il restaure le royaume d'Israël, mais qu'il change le monde, que ses paroles aient un tel retentissement dans les cœurs et les esprits, que les hommes soient transformés. Il a appelé à la justice, à l'amour fraternel, à la paix, à la foi, et à la confiance au Père commun de tous les hommes, au pardon et à la communion, mais ses paroles n'ont pas eu l'effet que nous escomptions.

Son Église est empêtrée dans ses costumes, ses symboles incompréhensibles, sa discipline pointilleuse. Elle ne se rend pas compte qu'elle est dépassée de tous les côtés par les sciences, par les philosophies, par l'économie mondiale, par les immenses organisations mondiales super-efficaces. Ses messages n'ont que peu d'audience. Un grand nombre de ses membres sont satisfaits de leur vie dévote et de la vénération de quelques apparitions qui diluent dans la crème les Paroles brûlantes du Maître.

Comme jadis, Jésus vient marcher avec nous, sans se faire immédiatement reconnaître. Il propose que nous relisions les Écritures avec lui, afin que nous y retrouvions ce qui le concerne... même si l'expression est vague et large, complexe et globalisante.

Petit à petit, nous y reconnaissons ce que nous avions oublié: un dessein de Dieu qui s'accomplit par Lui, dans l'humilité, rencontrant trop souvent des échecs attribuables à la mauvaise foi de ceux qui l'écoutent et à la difficulté immense d'une conversion qui n'est pas imposée mais sollicitée. Ce dessein de Dieu s'accomplit dans l'histoire entière de l'humanité, épousant son évolution, ses cultures successives, ses structures politiques et économiques, ses projets, ses rêves et ses terreurs.

Le Verbe de Dieu n'est pas venu accomplir ce dessein à l'encontre de l'histoire humaine mais en l'accompagnant dans son mouvement aussi lent puisse-t-il paraître. C'est un dessein pour une humanité pécheresse, non pour une élite aseptisée, nourrie de la fine fleur des spiritualités.

C'est un dessein tourné vers un avenir, comme l'Écriture tout entière annonce et prépare l'événement essentiel de l'histoire humaine: le Jugement, qui n'est pas la destruction totale mais la transformation ultime de l'humanité accédant à la Gloire de Dieu et à l'éternité.

Comment tenir dans l'attente de ce jour? Jésus pose un geste très simple: il bénit le pain des hommes, le rompt entre nous, pain qui est son Pain, force de vie, puissance d'espérance, amitié très douce de Dieu qui demeure avec nous et promesse de miséricorde. Alors, il faut reprendre rapidement le chemin de Jérusalem, y retrouver la communauté des frères et continuer à témoigner ensemble de la Résurrection.

Semences...

Si, comme les disciples d'Emmaüs, je m'assoyais à la table de Jésus, ouvrant les mains pour recevoir son Pain, et retrouver la force de revenir vers Jérusalem et la communauté des hommes qui cherchent Dieu.

Je ferme les yeux, Seigneur Jésus, pour imaginer la petite table sans apprêt dans une auberge quelconque où l'on sert du pain, du poisson séché, peut-être du vin... Je rêve! Que de fois je me suis vu y entrant avec toi, l'étranger si amical, si versé dans les Écritures, capable de les expliquer avec des traits de lumière invincible. Reste avec nous, le jour baisse...

Tu te soustrais toujours à mes yeux de chair, mais tu laisses du pain sur la table, béni, rompu, prêt à être partagé. Et dans mon cœur, tu laisses ta Parole qui le rend brûlant.

Tu m'as rejoint... et maintenant tu marches devant moi, silhouette de lumière qui rallie à elle ceux et celles dont elle croise les chemins. Avec toi, aujourd'hui, nous allons à la maison du Père. Amen.

29

LE CONTEMPLER VIVANT

Il leur dit: «Quel est ce trouble
et pourquoi ces objections
s'élèvent-elles dans vos cœur?
Regardez mes mains et mes pieds.
C'est bien moi. Touchez-moi. Regardez!»
(Luc 24, 38-39)

Seigneur Jésus, je me demande si tu n'es pas devenu pour moi un sujet de discussion historique... Je succombe au goût du jour: je m'interroge sur le lieu de ta naissance et de ton enfance, je cherche les chemins que tu as empruntés, et les lieux de ta mort et de ta sépulture.

Ma prière emprunte le style de remémoration plus ou moins savante de tes paroles et de tes actes... Je me retrouve au milieu des apôtres qui, malgré les témoignages de ta résurrection, ne pouvaient que se souvenir de toi, se rappeler les jours passés de cette vie avec toi.

Tu me redis à moi aussi: «Vois mes mains, mes pieds. C'est bien moi. Touche-moi. Regarde-moi.» Tu ne me demandes pas autre chose que de croire. Que tu te dresses devant moi importe peu. Tu me demandes de t'offrir la même foi que les apôtres: la foi que tu es Vivant, maintenant et pour toujours, et que tu partages ta vie avec ceux qui croient en toi.

Même si nous parlons beaucoup de la résurrection de Jésus, nous ne nous arrêtons presque jamais à réfléchir à ce qu'elle signifie, au changement survenu dans la communauté des disciples. La question est-elle trop difficile? Nous préférons nous cantonner dans le souvenir de Jésus marchant au milieu des champs de blé ou en conversation avec Marthe et Marie, plutôt que de nous représenter le Jésus que prêchent Paul et les apôtres. Paul affirmait: «Si nous avons connu le Christ à la manière humaine, maintenant nous ne le connaissons plus ainsi.» (2 Corinthiens 5, 16)

C'est le Christ ressuscité qu'il faut connaître; celui qui a accompli le mystère de notre salut par sa mort et sa résurrection, et non seulement ce qu'il avait annoncé de ce mystère et comment il l'avait préparé.

Il ne peut s'agir d'un autre Christ: toutes les paroles de Jésus, tous ses gestes, tous ses affrontements avec ceux qui l'ont sans cesse contredit, toutes les guérisons, toute sa vie terrestre ne révèle son sens plénier que par la Résurrection. Tous annoncent, d'une façon voilée, le mystère de sa mort et de sa résurrection, et proposent les moyens de participer à ce mystère, à cet événement de salut: la conversion, la foi, le baptême, l'Eucharistie, le don de l'Esprit, démarches qui recevraient leur pleine signification et leur accomplissement de la Résurrection du Seigneur.

Jésus nous a demandé une approche de foi absolue dans sa résurrection. Il ne demande pas que nous nous inventions une démarche de foi, que nous subissions un conditionnement qui nous amène à la foi. Il accepte notre incrédulité, notre lenteur à croire, comme il a accepté l'incrédulité initiale et la lenteur de ses apôtres. Il nous invite, comme il les a invités, à recevoir la foi en nous rapprochant le plus près qu'il soit possible de lui; touchez-moi! regardez-moi! Voyez mes mains et mes pieds. Il insiste pour qu'ils examinent ses mains et ses pieds afin qu'ils n'oublient pas la crucifixion qui a entraîné sa mort, qu'elle a été bien réelle, qu'ils ne croient pas qu'il a échappé à la mort sur la croix par quelque complot de substitution au dernier moment.

Ses mains ont été les grands instruments de sa miséricorde. Il a touché les malades, il a béni le pain avant de le rompre et de le multiplier. Par elles, il a partagé la vie quotidienne de l'humanité. Ses pieds ont parcouru les routes de son pays, l'ont mené de village en village, dans les synagogues et jusque dans le Temple. S'il demande qu'on les contemple et qu'on les touche, c'est afin de nous faire accepter que sa mission n'est pas achevée, mais qu'elle commence et va se poursuivre d'une façon nouvelle.

Le Christ veut qu'on le regarde, non pas afin de conserver de bons souvenirs de lui, mais afin de le contempler vivant. On regarde le Christ dans la prière qui exprime la foi. On regarde le Christ dans la contemplation de l'Eucharistie, en lisant avec attention et passion les paroles contenues dans les Écritures. On contemple le Christ ressuscité dans le regard de charité que l'on porte sur ses frères.

Semences...

Si le Christ est vivant, où le rencontrer? Comment le rencontrer? Quels sont les rendez-vous qu'il me donne, les moments d'intimité dans lesquels sa Présence se découvre à moi?

Seigneur, les apôtres ont-ils désiré te garder avec eux? continuer à vivre avec toi, comme autrefois, plus intimement qu'autrefois avant la Passion? Il leur semble que tout deviendrait si simple. On pourrait reprendre les chemins d'autrefois, retrouver les gens qui t'avaient écouté, ceux que tu avais guéris, ceux à qui tu avais pardonné leurs péchés.

Tu n'avais pas vaincu la mort, et notre mort, pour nous amener tous nous asseoir dans des champs fleuris, sous le grand soleil, avec la petite brise qui monterait du lac, et manger les pains que tu allais multiplier.

Ta résurrection était le début d'un monde nouveau: le monde de la grâce, de la puissance de l'Esprit qui achève la création par la sanctification des hommes.

Il fallait partir, aller dans toutes les nations, emprunter tous les chemins, à la rencontre de toutes les cultures, et proclamer partout une extraordinaire nouvelle: la vie éternelle nous était offerte ainsi que le pardon de nos péchés.

Béni sois-tu, Christ ressuscité. Amen.

30

UNE PRÉSENCE NOUVELLE
ET CONSTANTE

Puis, il les emmena jusque vers Béthanie,
et levant les mains, il les bénit.
Or, comme il les bénissait,
il se sépara d'eux et fut emporté dans le ciel.
(Luc 24, 50-51)

Tu t'es séparé de nous, Seigneur, non pas comme quelqu'un qui rompt toute attache, mais comme celui qui s'éloigne pour nous attirer à Lui, comme celui qui veut faire redécouvrir combien nous sommes aimés.

Le lien n'est pas rompu. Il devient même plus fort parce qu'il est éprouvé. Et nous avons tant de moyens de te rejoindre que l'Esprit nous apprend: la mémoire vivante de tes paroles, les sacrements, la communauté des frères et des sœurs, la tendresse de ta miséricorde, l'espérance.

Attire-nous, Jésus, de toute la puissance de ton cœur, source de Vie qui comble toutes les soifs.

Que s'est-il passé entre la première rencontre de Jésus ressuscité et ses apôtres, et le jour où «il se sépara d'eux»? Il est difficile de raconter avec précision les détails de ces rencontres, de rapporter toutes les paroles échangées, de décrire les gestes et même de compter les jours.

Jésus vient au milieu d'eux quand il le veut et où il le veut. Ils sont vraisemblablement les seuls à percevoir sa présence et les seuls à recevoir ses derniers enseignements, et la promesse d'une présence nouvelle et constante parmi eux: celle de l'Esprit Saint.

On a l'impression que Jésus fait une mise au point rapide mais définitive de la mission qu'il leur confie. L'avenir leur est ouvert. Ils devront partir. Ils sont ses envoyés, et devront aller partout. Il ne leur donne pas d'objectif à achever. Il leur demande de faire confiance à Celui que Lui-même et le Père leur enverront. Et plus tard, les apôtres pourront dire: «L'Esprit Saint et nous-mêmes avons décidé...»

Au moment de les quitter, Jésus pose un dernier geste d'une grande beauté: «Levant les mains, il les bénit.» C'est le seul moment où les évangiles évoquent un tel geste. Très adroitement, les évangélistes ont tracé un certain parallèle entre Jésus et Moïse. Ils ont relevé de nombreuses analogies entre leur mission, leur enseignement et les gestes qu'ils ont posés. Le livre du Deutéronome raconte qu'au moment de laisser Israël entrer en Terre promise, sans lui, Moïse le bénit, implorant sur lui le don de la vie et de la fécondité. Jésus va quitter les siens. Il les a bénis déjà de nombreuses manières: tous les dons de Dieu qu'il leur apporta sont des bénédictions, y compris le plus grand, l'Eucharistie, et celui qu'il leur promet: l'Esprit Saint.

Mais ici, en bénissant ses apôtres, c'est son Église tout entière que Jésus bénit, celle qui existera au cours des siècles jusqu'au jour de son retour. Sa bénédiction est semblable à celle des patriarches à l'égard de leur descendance, à celle de Moïse adressée au peuple tout entier. Jésus, comme eux, implore la bienveillance du Père qui assurera sa croissance, sa fécondité, car la richesse essentielle de la bénédiction divine est celle de la vie et de la fécondité. Et cette bénédiction est toujours accomplie, car elle réalise les intentions de Dieu. Elle n'est jamais retirée.

Que s'est-il passé ensuite? «Il se sépara d'eux et fut emporté au ciel.» Jésus se sépare d'eux parce qu'il est entré dans la gloire de Dieu avec son humanité, qu'il n'appartient plus à la condition charnelle et mortelle. Mais cette séparation n'est que pour un temps, car il reviendra chercher tous les siens pour les emmener au Père avec Lui, afin qu'ils partagent sa gloire.

Qu'il soit emporté au ciel laisse entendre, comme on pouvait l'exprimer en ces premiers temps de l'Église, que Jésus est Seigneur. S'il est Seigneur, son action auprès des hommes n'est plus limitée dans le temps, dans l'espace, dans les frontières de la langue et des cultures: il participe à la toute-puissance de Dieu. Il est le premier-né d'une multitude de frères qu'il rassemblera auprès de lui pour l'éternité.

Semences...

On ne s'invente pas la présence du Seigneur. On ne s'efforce pas de la recréer en soi à coup de souvenirs et d'imaginaires.

L'Esprit rappelle sa présence, la fait connaître par la vie donnée en son Nom, par l'Eucharistie, par la Parole.

Je sais que tu reviendras, Seigneur Jésus. Je le crois de toute ma force, de tout mon amour. Et je veux t'attendre, veiller dans la nuit de ce temps douloureux, tenant à la main la petite lampe de mon espérance que je lèverai vers ton visage, aux premières lueurs de l'aube, pour te reconnaître.

Je sais que je ne regretterai pas de t'avoir attendu, même si on me répète que c'est une pure folie, que la vie est ailleurs, que les jardins de la terre sont somptueux de fleurs et que leurs parfums enivrent, que la richesse permet de tout posséder et que la chair est extase.

Je ne regretterai pas d'avoir veillé, solitaire et silencieux, cœur pauvre, mains ouvertes, yeux perdus vers les étoiles qui traceront ton chemin.

Quand je te verrai, mon cœur défaillira de joie, je me lèverai pour aller à tes côtés, et ensemble nous irons à la rencontre du Père. Viens, Seigneur Jésus! Amen.

TABLE DES MATIÈRES

Achevé d'imprimer
sur les presses de
Imprimerie H.L.N.
Imprimé au Canada • Printed in Canada